Miguel Ángel Cajigal Vera
(El Barroquista)

OTRA HISTORIA DE LA MÚSICA

¿Qué pensaría Bach
de la música actual?

Papel certificado por el Forest Stewardship Council®

Primera edición: noviembre de 2025

© 2025, Miguel Ángel Cajigal Vera (El Barroquista)
© 2025, Penguin Random House Grupo Editorial, S. A. U.
Travessera de Gràcia, 47-49. 08021 Barcelona

Printed in Spain – Impreso en España

ISBN: 978-84-666-7960-2
Depósito legal: B-17.312-2025

Compuesto en M. I. Maquetación, S. L.
Impreso en Black Print CPI Ibérica
Sant Andreu de la Barca (Barcelona)

BS 7 9 6 0 2

In memoriam, David Ethève (1966-2016)

Índice

Segunda parte

Si escaneas el siguiente código QR, podrás acceder a una lista de reproducción que contiene las piezas musicales mencionadas en este libro:

Además, al final del libro encontrarás un listado con los datos de cada pista.

PRÓLOGO

Una estrella hacia las estrellas

Ha sido un día muy largo.

El trabajo, los estudios y las obligaciones han consumido la mayor parte de la jornada. Otro día más, le hemos prestado demasiada atención a lo que entraba por el teléfono móvil. Mensajes, correos y la última sensación de las redes sociales se han revuelto con nuestras tareas y el día a día nos ha adelantado de nuevo.

Ya en casa, toca descanso. Un rato de sofá, la cena y una píldora de desconexión.

Retomamos el visionado de nuestra serie del momento. En cuanto pulsamos el botón del mando a distancia, un sonido familiar, corto y seco, nos confirma que hemos pasado de la realidad al bálsamo relajante de la ficción.

TA-DUMMM.

En millones de hogares de todo el mundo este sonido, que apenas tiene una década, se ha convertido en el icono auditivo de una de las marcas más famosas del entretenimiento global.

El famoso «sonido de Netflix», con el que arrancan los productos audiovisuales de la compañía, y que dentro de la propia empresa también es conocido como «ta-dum», no apareció por casualidad, sino que fue el fruto del trabajo minucioso de Lon Bender, editor de sonido ganador del Óscar por *Braveheart* (1995). En su desarrollo, en 2015, en un cuidadoso diseño de producto que duró cerca de un año, participaron decenas de personas y se valoraron multitud de opiniones, incluida la de la hija pequeña de Todd Yellin, directivo de la marca, que fue quien, según la versión más difundida de la historia, decantó la balanza en favor del sonido que hoy conocemos.

Se trabajó a partir de conceptos como «tensión», «comienzo» y «dramatismo» en una paleta de entre veinte y treinta sonidos, que fueron mostrados a grupos de prueba para ver qué tipo de sensaciones provocaban. Durante el proceso, Bender tenía sus favoritos: un sonido en bruto bastante parecido al que finalmente se eligió y el balido de una cabra.

¿Todo este trabajo para apenas tres segundos de sonido?

Puede que parezca excesivo, pero para una plataforma de contenidos son los instantes más importantes de todo el visionado. Como siempre que un trabajo creativo triunfa, el sonido final parece demasiado sencillo, pero resulta tan icónico y memorable que ha inspirado diferentes remezclas musicales, ha generado sus propias leyendas urbanas en torno a su manufactura e, incluso, presta su nombre a la página creada por la empresa para los contenidos extendidos de sus productos: Tudum.*

A causa del éxito indiscutible del *audio branding* de Netflix, multitud de compañías han buscado en los últimos años logotipos sonoros para sus productos tecnológicos. Desde Amazon a Disney, existe todo un capitalismo del sonido fácilmente rastrea-

---

* Escrita según la fonética en inglés.

ble, y que ha alcanzado grandes niveles de reconocimiento gracias al actual panorama del ocio de plataformas. Sin embargo, estas empresas ni siquiera son las pioneras del *branding* sonoro, una herramienta de promoción con décadas de historia.

El californiano Bill Brown es uno de los compositores más influyentes de lo que llevamos de siglo y su obra es una de las más reconocibles en todo el mundo. Aunque es probable que no te suene su nombre, puedo garantizar que has escuchado su obra. Brown no ha alcanzado esa posición por su buen oficio como compositor de las bandas sonoras de decenas de videojuegos, sino porque fue el creador de todos los sonidos del sistema operativo Windows XP, que seguramente has oído más veces que ninguna sinfonía de Beethoven. Él es el culpable, entre otros, de ese breve clic que anunciaba un error del sistema y que te habrá provocado emociones más intensas que ninguna canción de Adele.

En plena revolución tecnológica, también hemos vivido la adaptación de sonidos musicales que se han convertido en memes sonoros reconocibles en cualquier parte del mundo. Seguramente el caso más curioso sea el del guitarrista y compositor español Francisco Tárrega, autor de los cuatro compases más famosos de la historia de la música española: los has escuchado durante años cada vez que un teléfono Nokia sonaba a tu lado, y proceden del *Gran Vals* que Tárrega compuso en 1902.

A día de hoy resulta imposible interpretar esta pieza sin que la audiencia esboce una sonrisa porque, literalmente, todo el mundo la asocia a la empresa finlandesa. Fue la banda sonora más reconocible de la popularización global del teléfono móvil y se estima que, en el momento de máxima expansión de los dispositivos de la compañía, llegó a ser la música más reproducida del mundo: 1.800 millones de veces por día, es decir, alrededor de 20.000

veces por segundo. Sin embargo, si la reproducimos para una muestra de un centenar de personas de todas las edades, apreciaremos un contraste instantáneo entre quienes la reconocen al momento y quienes todavía no habían nacido cuando esta sintonía se escuchaba por todas partes.

Los sonidos dan forma a nuestro mundo. Y el mapa sonoro cambia a gran velocidad.

El desembarco reciente del coche eléctrico se ha asociado, entre otros conceptos, a una reducción de la contaminación acústica provocada por los motores de explosión que han reinado en el mundo durante el último siglo. Lo que en un primer momento se consideraba ventajoso, pronto se percibió como problemático, ya que un vehículo altamente silencioso implica un mayor riesgo para la circulación. Como los motores eléctricos no emiten por sí mismos una gran presencia sonora, las firmas automovilísticas pusieron en manos de compositores el ruido de sus nuevas máquinas, diseñadas para protagonizar el futuro del planeta.

El ingeniero acústico y diseñador de sonido del Grupo BMW, Renzo Vitale, se asoció ni más ni menos que con Hans Zimmer, uno de los compositores de cine más exitosos de las últimas décadas, para la creación de la «voz» de los coches eléctricos de la firma, mientras en Mercedes-Benz enrolaban al grupo Linkin Park para un trabajo similar. Como se trataba de crear la identidad sonora de los coches del mañana, los diseños se ligaron a conceptos tecnológicos y futuristas y, en este caso, no consta que nadie barajase el balido de una cabra.

Dentro de esta concepción de sonidos que transmiten sensaciones de fluida sofisticación tecnológica, pocas empresas han puesto más empeño que Apple. En la estela del mencionado ejemplo de Windows, la multinacional de Cupertino ha creado un repertorio sonoro coherente para sus dispositivos, desde el inicio de sesión a la conexión inalámbrica de los auriculares. En este juego del capitalismo del sonido participan muchas empresas de diferentes sectores, desde bancos a fabricantes de chips, pero ningún sector empresarial tiene la capacidad de componer la banda sonora de nuestras vidas como el tecnológico.

Los sonidos definen nuestro mundo.

En 1977, en una época en la que la exploración espacial era un diálogo entre dos grandes superpotencias, la NASA lanzó al espacio las sondas Voyager. Cada uno de los dos vehículos enviados como parte de este ambicioso programa de exploración espacial lleva consigo un pequeño regalo, por si «alguien» los encontrase alguna vez: un disco fonográfico de cobre, bañado en oro, que contiene sonidos representativos de la vida en nuestro planeta (ver imagen 1, cuadernillo final). Dicho de otro modo, las sondas Voyager contienen un *branding* sonoro del planeta Tierra.

Entre la infinitud de sonidos de la naturaleza terrestre, a los que habría que añadir los generados por las diferentes culturas humanas, fue necesaria una elección muy restrictiva para ser grabada en esos discos de treinta centímetros. El comité responsable de semejante elección estaba presidido por el científico y comunicador Carl Sagan, seguramente la personalidad más influyente de la historia de la divulgación científica.

Junto a una muestra de sonidos paisajísticos, animales y humanos, se grabaron también en estos discos sonidos artificiales representativos del desarrollo humano, como el sonido de un tren o el reactor de un avión. Si las sondas se enviasen a día de hoy quizás se habrían escogido el «ta-dum» o la alerta de error de Windows XP, que para millones de personas forman parte de su ecosistema en mayor medida que muchos sonidos de la naturaleza.

A bordo de las Voyager también viajan saludos grabados en decenas de idiomas. Y lo que más nos interesa ahora: fragmentos musicales, como mejor representación de lo que somos los seres humanos. Solo a un científico con alma de poeta como Sagan se le ocurriría algo semejante. A pesar de la poca valoración que recibe como arte en el día a día, resulta muy emocionante que sea la música, precisamente, la firma elegida para identificarnos como especie.

La selección musical de la Voyager, aunque obviamente deja fuera miles de expresiones musicales, buscaba cierta diversidad. Desde una pieza tradicional china interpretada con *guqin* a una muestra de *mugham* azerbaiyano o un *raga* hindú, la mayor parte de las expresiones sonoras contenidas en esta «botella lanzada al mar» son músicas tradicionales y pertenecen a estilos populares. Como era predecible, existe una sobrerrepresentación de la música occidental: Chuck Berry y su «Johnny B. Goode» o el «Melancholy Blues» de Louis Armstrong figuran entre los pasajeros de las sondas Voyager junto a Mozart, la *Quinta sinfonía* de Beethoven y *La consagración de la primavera* de Stravinsky, en una selección que sería admitida por cualquier conservatorio de Occidente.

Solo hay un ser humano que aparece representado en tres ocasiones en el disco de oro de la Voyager, como principal embajador de nuestra especie ante un eventual contacto con formas de vida inteligentes de otros mundos. Esa persona, evidentemente, es Johann Sebastian Bach (ver imagen 2).

De su venerada obra, se incluyeron en esta romántica iniciativa tres fragmentos: el «Preludio» y la «Fuga en do mayor» del Libro 2 de *El clave bien temperado*, interpretados por el pianista canadiense Glenn Gould; la «Gavotte en Rondeau» de su *Partita para violín solo n.º 3*, interpretada por el violinista belga Arthur Grumiaux; y el primer movimiento del *Concierto de Brandembur-*

go n.º 2, dirigido por Karl Richter, que, de hecho, abre el registro musical del disco.

En el muy improbable caso de que una civilización extraterrestre se encuentre con una de las sondas Voyager, y en la todavía más dudosa circunstancia de que esos extraterrestres hipotéticos fuesen capaces de reproducir el disco y alcanzar cierta comprensión de lo que escuchan, quizás llegarían a la conclusión de que Bach es una especie de dios en la Tierra.

Lo curioso es que esta hipérbole no está muy alejada de la realidad.

Durante el último siglo se ha construido un notable consenso alrededor de la figura del compositor alemán, gracias a la equilibrada fusión entre emoción e intelecto que se aprecia en su música, pero también al notable prestigio con el que está asociada. La lista de músicos de todos los estilos que veneran a Bach y colocan su música por encima de cualquier otro modelo es inabarcable, como Nina Simone, Brian Wilson o Koji Kondo.

Aunque las opiniones, obviamente, son diversas, Bach es la respuesta más frecuente cada vez que se plantea esta cuestión, por otro lado, bastante absurda. Solo Beethoven y Mozart le roban, en alguna ocasión, la simbólica medalla de oro como genio supremo de la música. Estos tres compositores —por cierto, de habla alemana— están presentes en el disco de oro de las Voyager.

Como muestra de lo profundamente asumidas que están estas figuras, he preguntado a dos inteligencias artificiales diferentes quién es el mejor compositor de la historia de la humanidad. Ambas han esbozado una pequeña explicación sobre la dificultad de la contestación, tras lo cual una de ellas se ha decantado por Bach (con Beethoven en segundo lugar) y la otra por Beethoven (con Bach en segundo lugar). Ambos programas han asignado el tercer puesto a Mozart. Como concesión a «otros estilos», ambas han coincidido en Paul McCartney y Bob Dylan. Una de las dos inteligencias artificiales hizo mención, además, a John Williams, Ennio Morricone y Hans Zimmer, de lo que deduzco que a esta red neuronal artificial le gusta mucho el cine.

Aunque nos importe muy poco lo que «opine» una inteligencia artificial, lo cierto es que todavía hay gente que, cuando llega a casa después de un día muy largo, en lugar del mando a distancia prefiere la música de Bach. Un señor de provincias que vivió en Alemania hace tres siglos, mucho más famoso en la actualidad de lo que fue en toda su vida, y cuyas composiciones atraviesan ahora mismo el espacio interestelar a 60.000 km/h a bordo de la nave espacial artificial más rápida jamás construida. Nada mal para un alemán con peluca.

No seré yo quien ponga en duda el infinito talento del músico de Eisenach. No estoy a la altura y, aunque en mi caso prefiero a Mozart, formo parte de esa porción de la humanidad que considera que Bach es una de las cimas de nuestra especie.

En este libro nos serviremos de su figura totémica para entender qué ha pasado con la música a lo largo de la historia. Qué ha ocurrido para que en la actualidad él sea, para muchas personas, el paradigma absoluto de su arte. Para que una inteligencia artificial considere a los compositores alemanes por encima de cualquier otra opción. Para que ni una sola mujer sea mencionada en una selección de las mejores mentes musicales de la humanidad. Para que en una selección de estas características todos los continentes sean ignorados, excepto Europa.

Con su aura venerable y su peluca de rizos, que a día de hoy nos resulta especialmente simpática, nadie diría que este admirado músico alemán es uno de los principales «culpables» de una de las «dictaduras» culturales más sólidas de la historia. No es el único, por supuesto: entre otros muchos protagonistas, sus dos compañeros de viaje espacial, Mozart y Beethoven, también han jugado un papel fundamental en un proceso que, a pesar de su enorme huella cultural en nuestro día a día, pasa bastante desapercibido.

Un modo de pensamiento muy instaurado que tiende a una valoración desdeñosa de la música de otras épocas, otros estilos y otros continentes, en el convencimiento de que esa generación de señores europeos es la cumbre de toda música, tras la cual solo queda la decadencia.

¿Qué pensaría Bach de la música actual?

Mucha gente cree que se llevaría las manos a la cabeza. Pero yo creo que sonreiría. Y espero que este libro te lo demuestre.

INTRODUCCIÓN

La generación de los auriculares

A veces nos llaman «la generación de los auriculares».

Adoptamos todo tipo de cambios en nuestra vida cotidiana con gran facilidad y, al poco tiempo, los hemos naturalizado plenamente. Nos hemos acostumbrado con tanta rapidez a un acceso a la creación artística y la cultura que resulta inédito para cualquier otra generación a lo largo de la historia que apenas le damos valor. Desde cualquier lugar, y en cualquier momento, consultamos información enciclopédica, imágenes sin límite y más sonidos de los que podríamos procesar en varios siglos de escucha ininterrumpida. Todo ello al alcance de la mano, siempre que contemos con una conexión a internet y un dispositivo electrónico adecuado, requisitos que ya han generado una nueva barrera invisible, social y económica, que se ha levantado en el mundo del presente.

La música es, seguramente, el material creativo que más afectado se ha visto por este nuevo paradigma de consumo cultural. Desde hace décadas el esfuerzo tecnológico de la industria se ha dirigido hacia un aumento progresivo de la portabilidad sonora.

Aunque ya el Walkman de Sony cambió, a principios de los años ochenta del siglo pasado, la manera en que nos relacionamos con la música, seguido en el tiempo por toda una suerte de evoluciones del equipo de sonido personal portátil, nada es comparable a la accesibilidad que disfrutamos en el momento actual, gracias a la tecnología de *streaming* y al avance de la conectividad inalámbrica.

Elegimos con qué canción nos despertamos, cantamos nuestros éxitos favoritos en la ducha, tarareamos mientras preparamos el desayuno, nos motivamos con los ritmos que sacan nuestro mejor rendimiento en el ejercicio diario y nos enfrascamos en nuestros sonidos favoritos de camino al trabajo o al estudio, ya sea en el transporte público o en vehículo privado. Hoy es posible que todo nuestro día esté acompañado de música, elegida a la carta y reproducida con la máxima calidad directamente en nuestras orejas, lo que ha dado lugar a un paisaje mundial donde los auriculares son una visión cotidiana, usados también como emblema generacional o iconos de moda.

A lo largo de la historia, la disponibilidad de la música a demanda ha estado restringida a las élites y hoy la llevamos en el bolsillo.

Este libro mismo se beneficia de estos avances tecnológicos, ya que prácticamente toda la música de la que hablaremos en sus páginas está disponible en línea, recogida en una lista de reproducción. No hace tanto tiempo, una publicación de estas características estaba condenada a acompañarse de un CD adicional que contuviese las piezas reseñadas en el texto o, de lo contrario, el público se vería obligado a la búsqueda individual de cada una de las músicas mencionadas; una tarea laboriosa y abocada al fracaso antes de la era de internet. A pesar de su vigencia en continentes como Asia, en muchas partes del mundo el disco compacto parece hoy un artefacto arqueológico y la reproducción musical a partir de un soporte físico, como el disco de vinilo, se ha convertido más en un ritual *vintage* que en una verdadera necesidad.

Es indudable que la tecnología ha colaborado para que nuestro mundo sea más musical de lo que nunca ha sido. Al menos desde el punto de vista de la escucha pasiva, puesto que, como veremos a lo largo de este libro, es probable que hayamos desnaturalizado la razón de ser de la música al convertirla en un simple bien de consumo individual, presente de manera constante en nuestra vida como un hilo musical, pero relativamente ajena a nuestra mente como lenguaje de expresión humana. La creación musical ha sido, a lo largo de la historia, un proceso eminentemente colectivo y un fenómeno social que hemos personalizado hasta el extremo como clientes y víctimas de la llamada industria discográfica. Ni siquiera el creciente interés por los festivales de música y las interpretaciones en directo, que está cercano a convertirse en una fiebre global, cambia el hecho de que la mayor parte de la escucha musical la realizamos de manera individual, a demanda y en relativa soledad, a través de un dispositivo electrónico. Esto supone una inmensa diferencia con respecto al modelo tradicional más habitual en todas las culturas, donde la escucha y la producción de la música estaban íntimamente unidas y se asociaban a rituales sociales en los que la comunidad participaba, tocaba, bailaba y cantaba.

Hay quien confunde esta alta accesibilidad a la música con una mayor facilidad de difusión. Sin embargo, si levantásemos los auriculares de todas las personas que nos acompañan en el transporte urbano a nuestro trabajo, probablemente comprobaríamos que la mayoría de lo que se reproduce en sus oídos son los grandes éxitos, tendencias comerciales de amplio espectro, siempre respaldadas por grandes empresas. Las músicas pequeñas, independientes y fuera de la corriente principal tienen en la actualidad las mismas dificultades para llegar al público que han enfrentado a lo largo de la historia del disco, si no mayores, y el margen que se reserva en el panorama actual a la creación tradicional es mínimo.

En los próximos capítulos veremos cómo se gestó el mundo sonoro en el que vivimos, porque los cimientos de nuestra sociedad del consumo musical no son tan antiguos y porque, seguramente, ningún otro arte está tan condicionado por los intereses comerciales como la música. La estructura industrial que llena de sonidos de moda nuestras vidas no es demasiado antigua: asienta sus bases a principios del siglo XX, con la expansión imparable de la reproducción discográfica, y se convierte en lo que conocemos hoy. Esta expansión tuvo lugar especialmente en los años cincuenta y sesenta del siglo pasado, en los que el predominio político y militar de los Estados Unidos se tradujo en la que quizás sea la mayor invasión cultural de la historia, no solo por su escala planetaria, sino por lo fácilmente que ha sido asumida.

Pero antes de llegar a eso, reconozcamos que en el presente esa maquinaria se encuentra mejor engrasada que nunca. Tomemos como ejemplo a Taylor Swift, el mayor icono de la moderna industria musical, y el impacto inmediato de su álbum *The Tortured Poets Department* (ver imagen 3). En la víspera del estreno de este esperado trabajo discográfico, el 18 de abril de 2024, Spotify anunció que ya se había convertido en el lanzamiento más preguardado en la historia de la plataforma antes de que una sola nota estuviese disponible para su escucha.

En cuanto la reproducción en plataformas estuvo habilitada, sus fans globales pulverizaron de nuevo todos los registros en pocas horas: antes de que terminase el día ya se había convertido en el primer álbum en superar los 200 millones de reproducciones en su jornada de lanzamiento y, pocas horas después, elevó su marca hasta los 300 millones de escuchas. Todo ello antes de que acabase el día. La importancia de Swift como la mayor estrella musical del mundo resulta apabullante si tenemos en cuenta que le arrebató el título de álbum más reproducido en su primer día en Spotify a otro disco suyo, *Midnights*, que ya había alcanzado más de 180 millones de reproducciones en sus primeras veinticuatro horas, el 21 de octubre de 2022.

Si el registro discográfico permitió el desarrollo de la moderna industria musical, los servicios de reproducción en línea han agilizado su difusión hasta unos niveles que eran impensables hace apenas un cuarto de siglo. Siempre que nuestros gustos sean los mayoritarios, la disponibilidad del álbum deseado es ahora instantánea, cuando hasta hace pocos años se dependía de la distribución y la adquisición en tienda física incluso para los trabajos más populares. De hecho, en los inicios del gran comercio discográfico, la importación de vinilos entre diferentes países era clave, con lo que algunas ciudades gozaban de mayor acceso a novedades que otras. Con aquel modelo comercial, un trabajo musical tardaba meses, o incluso años, en darse a conocer a su público potencial.

La aceleración de los procesos también ha cambiado la forma en la que se consumen los álbumes. Antes los discos se escuchaban de forma reiterada, hasta memorizarlos tema por tema. Cada nuevo estreno era exprimido al máximo y los mejores trabajos se convertían en una biblia, releídos una y otra vez hasta asimilar cada detalle y cada giro musical. El paradigma actual es totalmente diferente, y mucho menos exhaustivo. La prueba es que, a pesar de la mencionada expectación generada por *The Tortured Poets Department*, son relativamente pocas las canciones de Taylor Swift instaladas en las listas de las más reproducidas, en las mismas plataformas en las que este trabajo desató una atención sin precedentes el día de su estreno.

Esto resulta curioso, pero va aparejado a un fenómeno todavía más singular: aunque ahora tengamos acceso (casi) inmediato a (casi) toda la música del mundo, siempre escuchamos la misma.

Debemos esta circunstancia no solo a la maquinaria comercial, gracias a la cual resulta más fácil seguir la corriente principal que aventurarnos a descubrir sonidos remotos, sino también al hecho de que nuestros gustos artísticos, especialmente los musicales, tienden a una gran homogeneidad y conservadurismo y evolucionan muy poco a lo largo de nuestra vida. En un mundo infinito de ritmos, sonidos y colores tonales, la inmensa mayoría de la música que escucha el ser humano es increíblemente limitada, en un fenómeno de restricción creativa que no tiene parangón en ninguna de las otras artes.

Si aplicásemos un símil literario, el «mal uso» que hacemos como especie de la potencialidad creativa de los sonidos equivaldría a que toda la literatura estuviese escrita con solo dos letras, con un absoluto desdén por el resto del alfabeto. Soy consciente de que este símil parece exagerado, pero aspiro a que este libro explique esta curiosa situación y ofrezca herramientas de análisis para diseccionarla de una forma más profunda.

Comencemos con un ejemplo sencillo.

Seguramente el último gran fenómeno local que ha saltado con éxito a la música global es la llamada «ola de Corea». Cualquiera que no haya vivido debajo de una piedra ha escuchado el «Gangnam Style» y probablemente lo haya bailado. En cualquier familia con miembros jóvenes resultarán familiares los nombres de los principales grupos del emergente pop coreano. El K-pop parece sorprendente, seguramente porque dentro de la historia mundial de la música hemos desdeñado ampliamente la inmensa aportación de Asia, que es probablemente el continente cuyas tradiciones musicales han tenido menor presencia en el relato cultural dominante de los últimos siglos, controlado por Occidente. También puede llamarnos la atención el hecho de que muchas estrellas de la música global actual procedan de este continente, algo que hasta ahora no había sucedido, básicamente porque la industria se centraba en el mundo anglosajón y no acostumbraba a lanzar demasiados productos ajenos a su propio contexto, al menos hasta la llegada de los ritmos latinos, un fenómeno muy especial que veremos más adelante.

A pesar de lo «exótica» que pueda resultar para algunas personas esta corriente musical, la realidad es que muy poco de este «nuevo» pop procedente de Asia tiene algo de asiático. Los ritmos, estructuras y sonidos del K-pop imitan los de la música popular occidental de las últimas décadas, con apenas matices propios. Muchas de sus canciones las podrían firmar artistas de cualquier otro continente: de hecho, el que seguramente sea el gran logro de este estilo ha sido dotarse de una estructura industrial de grandes y poderosas productoras, muy similar a la que ya existía en el ámbito occidental. Tampoco se trata de una música particularmente novedosa, ya que su éxito se sostiene, precisamente, en que resulta perfectamente asimilable por un público internacional. Incluso ha adoptado, de manera masiva, el inglés como lengua franca en gran parte de sus éxitos internacionales.

Algo parecido sucede con prácticamente todas las modas musicales «exóticas» que han llegado al gran público a lo largo del último siglo. Espero que los siguientes capítulos dejen suficientemente claro que las diferentes músicas del mundo, así como los diferentes estilos de la música popular, aunque preserven en ocasiones algunos rasgos propios, que la industria tolera porque aportan cierta variedad a sus productos, se han construido mayoritariamente a partir de las estrictas reglas de la música comercial occidental, que hunde sus cimientos en la gran revolución de la música europea entre los siglos XVIII y XIX, de la que hablaremos a su debido tiempo. Puede que sorprenda esta afirmación, porque en nuestra mente tendemos a diferenciar con claridad la mal llamada «música clásica» de la música popular, pero, como veremos, la segunda no es otra cosa que la hija, accesible y simpática, de la primera, sin la cual lo que escuchamos en nuestros teléfonos móviles probablemente sería muy diferente.

Como diría Rosalía, quienes «sentaron las bases» de una de las expansiones culturales más grandes de la historia de la humanidad fueron Johann Sebastian Bach y otros señores europeos con peluca.

Esto no significa que la música no haya vivido innovaciones en su lenguaje a lo largo del último siglo, sino que la mayoría de esas exploraciones atrevidas se han restringido a ámbitos académicos o experimentales, cuyos cambios y novedades, a menudo tachados de esnobismo o elitismo, no llegan al gran público a menos que se los traduzca o dulcifique lo suficiente como para ser tolerados por nuestros tímpanos, siempre en pequeñas dosis.

Y aquí reside el gran problema de la música como arte, que es al mismo tiempo su grandeza como canal expresivo.

Si asistimos a una exposición con cuadros o esculturas tan radicales que desafían lo que entendemos por arte, cuyas formas y colores percibiremos a través de la vista, incluso en el caso extremo de que esas obras nos resulten incomprensibles o incómodas, nuestra reacción rara vez será físicamente desagradable. Pero la música es algo mucho más cercano e íntimo. Una experiencia sensorial que va directamente de nuestros sentidos a nuestro cerebro y provoca reacciones fisiológicas palpables, fruto de un largo aprendizaje construido desde que nacemos. El mismo principio por el que la música nos emociona hasta la lágrima hace que rechacemos aquellos sonidos que nos son ajenos con una intensidad que no suele producirse con otros tipos de arte.

Por extremo que sea un cuadro, rara vez nos provocará dolor de cabeza. Pero todo el mundo ha experimentado respuestas incómodas ante ciertos sonidos, músicas, ritmos o tonos. Un acorde mal ejecutado o demasiado arriesgado nos golpea con una reacción automática, a menos que tengamos un hábito muy entrenado y una disposición auditiva abierta. Si bien el gusto artístico de las personas tiende a ser conservador en todos los ámbitos, las consecuencias de exponernos a músicas y sonidos completamente ajenos a nuestro marco mental provoca respuestas instintivas en nuestro cuerpo mucho mayores que las de ningún otro arte.

Estos reflejos no se dominan fácilmente y solo una escucha atenta y reiterada nos abre a nuevas sonoridades. Un modelo de consumo que la mayor parte de la gente no efectúa, por falta de tiempo o por genuino desinterés.

Seguramente el único símil adecuado para este interesante fenómeno sensorial sea con la gastronomía. Desde la infancia crecemos con una paleta de sabores que fijamos en nuestra memoria gustativa. A mayores, toleramos ciertos alimentos de gusto adquirido, con sabores más acusados, que de primeras rechazamos pero luego la costumbre ha hecho disfrutables, como el café o el queso azul. Pero, por mucho que se haya puesto de moda la experimentación culinaria con platos de otros países, la mayoría de los paladares no se encuentran preparados para aventuras demasiado lejanas, y necesitan que esas gastronomías tan diferentes a la suya se suavicen y adapten a su costumbre gustativa. Por eso lo que llamamos «comida china» en Occidente no es otra cosa que una versión muy adaptada y limitada de la infinita gastronomía del gigante asiático.

Esto es exactamente lo que la industria musical ha hecho (por nuestro bien) durante el último siglo en prácticamente todos los productos que lanza. Se incluyen las novedades sonoras de manera muy controlada para que resulten más palatables y aporten un cierto barniz de novedad a un plato musical que es, básicamente, el mismo de siempre.

En este libro veremos cómo en diferentes tiempos y distintos lugares la libertad creativa llevó al oído humano a territorios salvajes y fascinantes. Pero pondremos especial interés en aquellos momentos, a lo largo de la historia, que consolidaron el dominio de un lenguaje concreto ante las infinitas alternativas que aporta el arte de los sonidos. Un proceso que, en gran medida, ha llevado a la domesticación de la música como canal de expresión humana.

Una suerte de dictadura sonora que ha homogeneizado el paladar musical de la humanidad y te susurra al oído, todos los días, a través de tus auriculares.

PRIMERA PARTE

1

Una y otra vez, en todas partes

Escuchamos una y otra vez la misma canción.

Y no me refiero a la manera en la que «quemamos» un tema cuando nos gusta, repitiéndolo una y otra vez, día tras día, hasta que cada uno de sus detalles se ha grabado en nuestra memoria. Hablo de un hecho perfectamente conocido, por el cual la música popular que llega a nuestros auriculares y se cuela en nuestras casas obedece a patrones tan repetitivos que toda suena prácticamente igual. Este fenómeno, asociado al consumo musical de las últimas décadas, ha provocado una situación de la que conviene que tomemos conciencia: si excluimos los ejemplos de música tradicional que todavía perduran, y que puntualmente contaminan la música comercial, es probable que a lo largo del siglo xxi se cree la música menos variada de toda la historia de la humanidad.

Soy consciente de que esta afirmación resulta extrema. Con ella, corro el riesgo de convertirme en el habitual cascarrabias que defiende que la cultura se empobrece, que cualquier tiempo pasado fue mejor y que la civilización se aproxima a su final. En realidad, no creo en ninguno de esos tópicos, ni existe la menor intención de crítica moral por mi parte. Sencillamente, encuentro necesaria la comprensión del notable estrechamiento musical que la humanidad ha experimentado recientemente porque lo considero uno de los momentos más relevantes de toda la historia cultural.

Esta reducción drástica de la paleta sonora que empleamos se debe, sobre todo, a dos factores, sobre los que volveremos a lo largo de este libro. El primero es la absoluta hegemonía mundial de las estructuras propias de la música occidental, una supremacía forjada lentamente, durante siglos de innovaciones y avances, cuyo recorrido analizaremos en los capítulos siguientes. Esta influencia, ya de por sí considerable, ha sido profundamente amplificada por el apogeo y triunfo de la música industrial, que se convierte en el segundo factor que ha cambiado la historia de la música.

En el último siglo, aproximadamente, la expansión global de la industria musical nos ha llevado al momento actual, en el que la mayoría de lo que oímos y bailamos es producido y difundido a través de un engranaje comercial que nos ha apartado, en gran medida, de las formas de creación sonora que acompañaron a nuestra especie desde sus orígenes hasta hace poco más de cien años. Aunque, como veremos, somos una especie musical por definición, nos convertimos cada vez más en sujetos pasivos y arrinconamos progresivamente la práctica musical, que en muchas sociedades se reserva a profesionales cualificados.

La consecuencia más visible de todo esto es la gran similitud en la música actual: una parte importante de las canciones que se estrenan en los servicios de música *online* cada semana se parecen tanto entre sí que un oyente no iniciado las confunde con facilidad. Esta crítica de brocha gorda nos parece propia de la gente mayor, porque a lo largo de nuestra vida nuestros gustos musicales se fosilizan y nuestro panorama de escucha se estrecha. De ahí el cliché, repetido generación tras generación, de las personas mayores que consideran que la música de las generaciones más jóvenes es «ruido». No obstante, si bien es cierto que esta mirada desconfiada hacia los nuevos estilos ha sido una constante en la historia del arte, sí parece que la música comercial fabricada por la gran industria y difundida en los medios de comunicación guarda unas semejanzas notables, cuyas causas históricas veremos en los siguientes capítulos.

Esta homogeneización se aplica hoy especialmente a los ámbitos del pop, el hip hop y otras músicas urbanas de gran éxito social. Pero las tensiones hacia la uniformidad existen también dentro de nichos musicales más específicos: el metal o la electrónica, por citar dos ejemplos, giran estilísticamente en torno a estándares sonoros tan consolidados que hacen que muchos temas suenen muy parecidos entre sí para cualquier persona que no conozca las claves del estilo. Incluso en un género como el jazz, prestigiado precisamente por su creatividad y diversidad, son cada vez más frecuentes las voces que denuncian la pérdida de matices individuales y el sonido uniforme de una mayoría de sus grandes éxitos, que ya parecen más concebidos como hilo musical elegante de un café de moda que como una plataforma de experimentación.

¿Cómo es posible que, en plena era de abundancia tecnológica y creatividad global, se padezca esta homogeneidad sonora? La respuesta es compleja e implica a prácticamente todos los mecanismos con los que producimos arte a partir de sonidos.

Paradójicamente, uno de los problemas principales lo provoca la gran calidad de los estándares actuales de grabación y procesado digital. El uso extensivo de software de producción musical, sintetizadores virtuales, bancos de sonidos y toda una serie de ventajas tecnológicas ha facilitado enormemente la creación, pero, al mismo tiempo, ha contribuido a que muchos artistas y técnicos trabajen con los mismos materiales y acabados. Como la cadena de producción se construye a partir de unos modelos estandarizados, los temas tienden a compartir una paleta sonora muy similar y su perfección técnica elimina cierto elemento «humano» en el resultado final. Incluso la música en directo se somete a estos elevados modelos de calidad de acabado, con lo que se limitan los errores pero también se pierde naturalidad.

Esta falta de frescura se asocia a la búsqueda de un producto sin fallos. Para ello, se prescinde del toque imperfecto, cálido y único que proporcionan los instrumentos reales o la interpretación espontánea, en favor de sistemas más controlados, como instrumentos electrónicos, sonidos enlatados y correcciones computerizadas. Estos sonidos digitales limpios, perfectamente sincronizados y procesados al milímetro, se desvinculan también de buena parte del carácter orgánico de la música y es frecuente que se señale, incluso desde dentro de la industria, que esta depuración técnica es la causante de una pérdida emocional en el sonido final que llega a nuestros auriculares.

La búsqueda del mejor resultado musical conduce al triunfo de un pequeño grupo de productores y compositores estrella, que construyen su éxito adaptándose a esa estandarización sonora. Quizás el caso más famoso sea el del sueco Max Martin, que ha manufacturado decenas de éxitos con artistas diferentes, desde «...Baby One More Time» de Britney Spears a «One More Night» de Maroon 5, dos canciones que evidencian su procedencia del mismo molde sonoro hasta tal punto que lo llevan incluso en el título.

Un estilo marcado y fácilmente reconocible en la producción de un álbum aporta, desde hace décadas, un marchamo de calidad a cualquier producto sonoro. En este sentido, leyendas clásicas como George Martin o Quincy Jones, y figuras actuales, como Linda Perry y Bizarrap, han aportado grandes éxitos a la industria. Pero, al mismo tiempo, el triunfo de estas personalidades induce a la imitación de sus fórmulas y acabados, lo que nos empuja, de nuevo, hacia la estandarización y la repetición de resultados. De igual manera que vemos un cuarto de baño en una revista de decoración y solicitamos a la empresa que nos hace las reformas uno que se le parezca, como oyentes elegimos mayoritariamente temas que nos recuerden a otros que ya nos han gustado anteriormente.

En lugar de estimular la experimentación, los sonidos exitosos creados por esas figuras de la producción, que cada vez resultan más fáciles de replicar en un estudio gracias al desarrollo tecnológico, han generado una cultura en la que simplemente se reproducen fórmulas de probada solvencia. Si bien algunos de los productores de éxito que he mencionado han pasado a la posteridad por los riesgos que tomaron y las innovaciones que desarrollaron, actualmente la cadena de producción rara vez sale de su zona de confort y ajusta sus resultados a un estándar de sonido «profesional», aunque resulten predecibles. Una fórmula que, por otro lado, es la propia de cualquier industria, que depende para su subsistencia de un engranaje que proporcione los productos más demandados y discrimine, a veces hasta la desaparición, los rechazados.

Como en realidad nuestro gusto musical recela de las novedades, en los procesos de producción incluso se reutilizan fragmentos reconocibles, que evocan una inmediata familiaridad y refuerzan estructuras auditivas que ya conocemos. Esta mecánica de explotación sonora ha dado episodios tan llamativos como el caso del compositor y productor Ryan Tedder, líder de OneRepublic que está detrás de los éxitos discográficos de artistas tan diversas como Leona Lewis, Adele o Lady Gaga. Tedder encontró la fórmula del éxito con «Apologize», un pelotazo mundial con el que impulsó el lanzamiento del álbum debut de su banda en 2007. Desde ese triunfo, ha alquilado su molde para un éxito solvente como productor de temas viralizables, aunque ello signifique repetir los mismos esquemas, a veces de manera exagerada.

Poco antes de colaborar con la cantante Kelly Clarkson en la composición del tema «Already Gone», Tedder había coescrito «Halo» para Beyoncé. Cuando Clarkson escuchó la canción de su colega se dio cuenta al instante de que, en la práctica, eran la misma canción, con su piano melancólico y su percusión, obstinada y un poco grandilocuente, sobre la que evolucionan las voces de ambas solistas. Básicamente, era el esqueleto de «Apologize», con unas adaptaciones mínimas. Clarkson, preocupada por las repercusiones, se enfrentó al productor y ordenó la retirada del tema de su siguiente disco, *All I Ever Wanted*. Pero ya era demasiado tarde. El álbum estaba en fabricación y no era posible la supresión de un tema.

Por su parte, Tedder reaccionó con enfado y se defendió en un comunicado publicado en MySpace. Ante el temido fantasma de la copia, el productor aseguraba, lógicamente, que ambas canciones eran diferentes, aunque cualquier escucha superficial demuestra que son idénticas y, a su vez, ambas adaptan el modelo de su éxito anterior, del que tampoco se diferencian demasiado. Clarkson, por respeto hacia Beyoncé, luchó contra su discográfica para impedir que «Already Gone» saliera como sencillo, pero sin éxito, ya que la empresa sabía perfectamente que el tema funcionaría.

De hecho, «Halo» ya había sido un gran éxito en su lanzamiento, para sorpresa de nadie dentro de la industria. Este tema ha arrasado cada vez que se ha estrenado y al público no le importa demasiado que le vendan varias veces la misma canción. Los temas de Beyoncé y Clarkson son idénticos hasta tal punto que circulan por la red diferentes *mashups* que mezclan ambas canciones, en un ensamblaje perfecto.

Esta pequeña anécdota justificaría la crítica al sistema industrial de la música comercial, pero no parece que eso sea relevante a nivel histórico. Lo importante es que entendamos cómo funciona la música, qué poderes ejerce sobre las personas y de qué manera este mecanismo de «copia y refinado» está en la esencia de los sonidos que llenan nuestras vidas, al tiempo que conduce, lenta pero inexorablemente, hacia la homogeneidad.

Lo que hizo Tedder con esas dos canciones tan similares lo hicieron antes que él muchas mentes creadoras de intachable pedigrí en la historia cultural. Los titanes integrantes de esa santa trinidad de la música occidental, a quienes nombramos al inicio de este libro, siguieron prácticas de reutilización de música, propia y ajena, como la que hemos visto: Mozart y Beethoven y, particularmente, Bach, aprovechaban fragmentos musicales que les ahorraban trabajo o les aseguraban el éxito. Entre otras cosas, porque era una fórmula normal y porque en aquel momento no se había desarrollado del todo el concepto moderno de «plagio».

La musicología ha explicado sin menores complejos cómo Bach recicló ampliamente para la primera cantata de su *Oratorio de Navidad* (BWV 248) de 1734 el número inicial de una cantata profana (BWV 214) que había compuesto el año anterior para la celebración del cumpleaños de María Josefa de Habsburgo, electora de Sajonia. Por cuestiones obvias de contexto, se cambió la letra original. Por ejemplo, donde la pieza profana arranca con un regio «*Tönet, ihr Pauken! Erschallet, Trompeten!*» ('¡Resuenen los timbales! ¡Truenen las trompetas!') se rellenó con un texto más ambiguo y, al mismo tiempo, más acorde con la celebración navideña como «*Jauchzet, frohlocket, auf, preiset die Tage!*» ('¡Regocijaos, alegraos, animaos, alabad estos días!'). La nueva letra encaja muy torpemente con la música, pero si lo hace Bach, la cumbre de la música mundial, se le disculpa fácilmente por la extenuante carga de trabajo que sabemos que padecía.

Coetáneo de Bach en esta época en la que la idea de autoría original era todavía una noción líquida, quizás el mejor ejemplo de esta práctica histórica fue el célebre Georg Friedrich Händel (ver imagen 4). Hijo de un barbero cirujano de Halle (Alemania), luego fue adoptado de mil amores por Inglaterra como pieza maestra de su propia historia cultural ante una cierta carencia de grandes talentos musicales en la historia de la isla. Este genio indiscutible de la música europea, que encarna como pocos los ideales de la cultura occidental, no solo fue un maestro del reciclaje sonoro con su propia obra, sino que también fusilaba fragmentos musicales ajenos, pero en su caso lo hizo con tanta frecuencia que la moderna ciencia musicológica en ocasiones se ha atragantado para justificar esos préstamos.

Seguramente el aria más famosa de Händel, que hoy figura en innumerables *playlists*, es «Ombra mai fu», con la que comienza su ópera *Serse* (HWV 40) de 1738. Esta pieza de teatro musical trata, con la habitual libertad histórica de la ópera barroca, la figura de Jerjes el Grande, famoso monarca aqueménida que cada cierto tiempo se asoma a la cultura popular occidental. Su característica melodía, de notas largas que evolucionan sobre un acompañamiento obstinado y grandilocuente, se ha popularizado desde los años 80 del siglo pasado con una intensidad inusual para un aria del siglo XVIII, gracias a su aparición en todo tipo de películas, series y anuncios de televisión.

Si bien existen numerosas diferencias, tanto en su estructura como en su estilo, los mimbres básicos de esta aria barroca son sorprendentemente parecidos a los que sostienen las exitosas baladas de Ryan Tedder comentadas anteriormente: una sucesión de acordes de probada efectividad, que se repiten con un ritmo cadencioso que parece inexorable, y sobre los cuales la voz solista se luce con una melodía melancólica. Por eso figura en tantas listas de reproducción actuales: porque aunque esté a punto de cumplir trescientos años, esta pieza de ópera en italiano encaja perfectamente con el lenguaje de la música que triunfa en la actualidad.

«Ombra mai fu» es el «Halo» de Händel. Y no solo porque tengan un lejano parentesco formal.

Resulta que cuando el compositor de Halle abordó la composición de su ópera *Serse* tuvo muy presente que cuarenta años antes, en 1694, uno de sus mayores rivales había estrenado una ópera con el mismo tema en Roma. El compositor en cuestión se llamaba Giovanni Bononcini y años después sería una piedra en el zapato de Händel, cuando ambos rivalizaban por el éxito en los teatros de ópera londinenses. Este autor italiano es en la actualidad mucho menos famoso que su adversario alemán, lo cual no deja de ser irónico si tenemos en cuenta que la ópera händeliana de 1738 está basada íntegramente en la versión anterior de Bononcini, incluida la famosa aria, que reutiliza tanto el texto como la estructura de toda la pieza.

Si algo funciona, no lo toques demasiado.

Escuchadas en paralelo ambas piezas, se percibe que Händel hizo mucho más que inspirarse descaradamente en la música de su adversario, a la que lleva a otro nivel. Perfecciona las ideas musicales que ya estaban latentes en Bononcini, aunque quizás estemos predispuestos a favor de la música del genio alemán porque nuestro oído se ha educado con ella, mientras que la del italiano nos resulta un poco ajena.

Por otro lado, que nadie sufra demasiado por Bononcini: él tampoco fue completamente original y su ópera estaba inspirada, a su vez, en otra anterior, del mismo tema, compuesta por el gran Francesco Cavalli, que había sido representada por vez primera en Venecia en 1654, aunque en este eslabón de la cadena de influencias hay que reconocerle a Bononcini que su aria «Ombra mai fu» no se parece tanto a la de Cavalli. Desde luego, no al nivel extensivo de inspiración que Händel se tomaría décadas después.

Si alguien piensa realmente que la industria musical actual repite en exceso patrones e ideas que le garantizan el éxito, que recuerde la historia de todos aquellos músicos que estuvieron casi un siglo reescribiendo la misma ópera. De hecho, el estallido operístico como gran espectáculo musical en Europa estuvo repleto de compositores y compositoras que se copiaban e imitaban hasta la saciedad.

Ninguna de esas personas hacía nada demasiado reprobable para su época. En todo caso, aplicaron el uso musical propio de su tiempo, si bien es cierto que había ciertos límites, porque el concepto de autoría comenzó a perfilarse como limitación a estos usos: el propio Giovanni Bononcini tuvo que abandonar Londres cuando se comprobó que había hecho pasar por suya una pieza creada realmente por Antonio Lotti.

Pero no sería hasta que algunas de esas figuras vencieron a la posteridad y se convirtieron en mitos culturales sagrados de sus respectivos países cuando nos topamos con que las pautas profesionales a las que se enfrentaron en su época no fomentaban tanto la originalidad creativa como la adaptabilidad a un mercado en constante competencia. Muchas de las características más importantes de la música que escuchamos actualmente se forjaron, precisamente, en esa época de alta competitividad musical. Pero esto lo veremos más adelante.

Ahora que hemos comprobado que los resortes de explotación comercial de la música ya estaban ahí mucho antes del nacimiento de la «malvada» industria musical, volvamos a la actualidad, que es legítima heredera de aquel legado en su afán de explotar las sensaciones de éxito todo lo posible.

En 2012 el músico Patrick Metzger etiquetó un motivo musical recurrente que aparecía una y otra vez en las canciones de mayor éxito de la década de 2010. Lo encontramos en el comienzo del tema «Good Time» de la cantante canadiense Carly Rae Jepsen y consiste en esa rápida vocalización, sin texto, que normalmente se hace sobre los sonidos «wa-oh-wa-oh». Metzger bautizó este recurso musical como «Millennial Whoop», cuando comprobó que el patrón se repetía en multitud de canciones de moda, desde Britney Spears hasta Kesha. El objetivo de estos fragmentos es convertirse en una píldora memorable y, al mismo tiempo, fácilmente cantable por el público, en pleno apogeo de la música de festivales. Se asocia a una sensación positiva y divertida y con ecos de libertad, por eso, tiende a posicionarse en el entorno del estribillo de la canción para potenciar el clímax del tema, como sucede en «California Gurls» de Katy Perry y «Really Don't Care» de Demi Lovato.

Desde entonces, no ha parado de sonar.

Dejemos muy claro que no existe en este proceso una intención malvada, ni es algo reprobable: la música popular siempre ha derivado de patrones heredados y esta repetición de melodías, acordes o instrumentaciones genera en las personas una sensación de familiaridad que es clave para que interpretemos confortablemente las creaciones musicales que escuchamos. Pero pertenecemos a las generaciones humanas que han estado expuestas a más música, hasta la fecha, y, por eso, estos patrones nos impactan de manera más continuada, repetitiva y, en ocasiones, abusiva. Con la explotación comercial de estos recursos nos sometemos a una experiencia auditiva de una intensidad inédita a lo largo de la historia.

Un fenómeno extremo de esta popularización y abuso de un cliché sonoro sucedió en el cine, en la misma época del contagio del «Millennial Whoop», con el llamado «bocinazo de Nolan»: el exitoso director británico Christopher Nolan puso en práctica en su popular película *Inception* una especie de onomatopeya sonora, consistente en un bramido grave, a medio camino entre un enorme instrumento de viento metal y el rugido de una criatura primordial, acompañado de un fuerte golpe percusivo. Ya en el tráiler cinematográfico de esta película, este sonido se utiliza de manera reiterada como fuente de «tensión épica». Aunque ya se habían empleado acentos sonoros emocionales similares en otras películas, este recurso en particular tuvo mucho éxito asociado al filme de Nolan. Entre otras virtudes, el efecto funciona porque se comprende la primera vez que se escucha, sin necesidad de experiencia previa. Por eso fue replicado desde entonces, una y otra vez, especialmente en los avances de muchas películas de acción.

El poder de estos elementos sonoros lo hemos comentado al comienzo de este libro con el «ta-dum» de Netflix, pero todos estos casos, innumerables, nos interesan sobre todo como ejemplos del poder evocador que tienen los sonidos, incluso aquellos aparentemente sencillos, porque explican las razones por las cuales la música reproduce una y otra vez los mismos patrones; ya se trate de una progresión de acordes concreta, de un recurso específico para la melodía o, como en estos casos, de un efecto sonoro de cine.

Si este aprovechamiento extensivo de los clichés sonoros transmite la percepción de una gran uniformización de la música que escuchamos, a este efecto se suma la llamada «*loudness war*», traducida al castellano como «guerra del volumen». Esta tendencia en la producción musical, que lleva décadas en liza, prioriza la compresión extrema del audio para que todo suene fuerte y uniforme, de manera que se reducen al máximo los contrastes dinámicos y, con ello, se pierde mucha expresividad. Desde mediados del siglo xx, la música grabada inició esta escalada sonora, con el deseo de que una canción sonara más fuerte que las demás cuando era emitida por la radio.

Aunque esta guerra comenzó en los años cuarenta y cincuenta del siglo pasado, cuando los vinilos y los singles eran masterizados con mayor volumen para destacar frente a la competencia, la llegada del CD radicalizó este abuso sonoro. Sin las limitaciones técnicas del vinilo, los ingenieros «apretaban» las pistas con una compresión extrema y limitadores digitales, logrando un sonido mucho más alto gracias a este nuevo soporte digital. Esta es la razón de que muchos temas, especialmente de la década de los noventa, nos saturen cuando los escuchamos con auriculares durante demasiado tiempo.

De hecho, el reciente triunfo de los servicios de *streaming* ha obligado a cierta moderación en esta pelea por el volumen, que ahora recibimos directamente en nuestros oídos a través de auriculares. Pero no ha evitado que el rango sonoro de los grandes éxitos sea actualmente más homogéneo que nunca, en lo que influye también que los sistemas algorítmicos de las plataformas de música en línea priorizan aquellos temas cuyos parámetros muestran una alta probabilidad de éxito comercial. En consecuencia, las canciones ya diseñadas de antemano para encajar en esos códigos reciben más visibilidad...

Y vuelta a empezar.

La música se basa en la enorme capacidad de evocación de los sonidos, codificados en diferentes estructuras rítmicas, armónicas y melódicas, que varían según la tradición cultural en la que estemos. Entre todas ellas, destacan los códigos de la música occidental, que se han asentado rápidamente como lengua franca a nivel global en el último siglo, en lo que probablemente suponga el más veloz proceso de asimilación cultural de toda la historia. Un proceso que, como veremos, ha sido inducido principalmente por la industria musical, pero que se basa en las reacciones neurológicas que nos provocan los propios sonidos.

La demonización de la música actual es un recurso fácil. Por eso se ha repetido tantas veces a lo largo de la historia, en un eterno retorno en el que, desde un presente determinado, anhelamos con nostalgia la música «de antes» porque le atribuimos una serie de valores que, seguramente, no tenía. Mucha gente cree hoy que la música ha empeorado y que los solistas y grupos de antes eran mucho mejores, pero la realidad es que la mayor parte de los compositores del siglo XVIII también compusieron obras muy parecidas entre sí, y, como hemos visto, tampoco dudaban en imitar la música ajena cuando les hacía falta. Si bien entonces no poseían las herramientas tecnológicas de réplica que ahora han acelerado todos los procesos, el mecanismo no ha cambiado sustancialmente desde hace siglos.

De hecho, esos músicos venerados del pasado son, en muchos casos, los principales culpables de la situación actual. Y seguramente nadie tenga tanta responsabilidad de lo que hemos descrito en este primer capítulo como los cuatro vecinos más famosos de la historia de Liverpool. Esos cuatro chicos, que con nostalgia todavía son señalados como «el mejor grupo de la historia de la música», en realidad, fueron los culpables de todo. Y seguramente fueron plenamente conscientes de ello.

2

Un meteorito procedente de Liverpool

Según la hipótesis más asentada en la ciencia actual, hace aproximadamente sesenta y seis millones de años un asteroide impactó con nuestro planeta en la zona de la actual península del Yucatán. Este evento modificó de forma tan radical las condiciones de vida en la Tierra que provocó la extinción masiva de la mayoría de las plantas y animales. Conocemos este suceso, sobre todo, gracias a la popularidad de los dinosaurios, las víctimas más conocidas de ese apocalipsis.

Aquel impacto cósmico no eliminó la vida en nuestro planeta, pero determinó por completo todo lo que vendría después a prácticamente todos los niveles. Sin él, seguramente no estaríamos aquí.

Cámbiese Yucatán por el Reino Unido, el meteorito por un puñado de discos de vinilo, y regístrese el evento apocalíptico en los años sesenta del siglo pasado. Algo así fue la beatlemanía.

Cualquier cosa que se diga de los Beatles habrá sido dicha antes cientos de veces, pero es fundamental que entren en escena en este libro y en este momento concreto. Porque pocas cosas de las que hicieron los Fab Four fueron realmente pioneras, aunque la leyenda tejida en torno a ellos muchas veces así lo quiera; pero las hicieron de manera conjunta, sorprendentemente coherente y, además, sus creaciones alcanzaron una difusión inédita en la historia musical anterior, gracias al fenómeno social en el que se convirtieron.

Paul, John, George y Ringo estaban en el lugar adecuado, en el momento propicio (ver imagen 5). La sociedad británica posterior a la Segunda Guerra Mundial, aun con sus problemas, vivía una apertura hacia la escena internacional, que también fue aprovechada por la cultura popular estadounidense para su expansión europea. Al mismo tiempo, los avances crecientes en la tecnología de grabación y reproducción de sonido permitían una difusión de la música inédita hasta entonces. Con esos mimbres nacieron en suelo británico, particularmente fecundo para la música desde el siglo XIX, toda una serie de bandas en cuyo caldo de cultivo despuntaron, como un meteorito que se desmarca del cinturón de asteroides, los Beatles.

Para cuando Brian Epstein los convirtió en la gran sensación musical de Occidente, aquellos cuatro chicos ya estaban sobradamente curtidos como músicos. Habían sacado callos con la música en directo, en Hamburgo y Liverpool, de manera que parecían una buena apuesta para la creciente industria discográfica. Casi todo sobre ellos se ha dicho muchas veces, pero creo que se insiste poco en lo buenos músicos que eran, con un oficio a prueba de bombas cuando apenas pasaban de los veinte años.

Individualmente, aquellos chavales estaban muy interesados en la música que llegaba de Estados Unidos. En sus primeros años como banda, antes del bautismo definitivo, Lennon, McCartney y Harrison estaban fascinados con artistas como Elvis Presley, Chuck Berry, Peggy Lee y Buddy Holly, pero también por la música negra estadounidense, con raíces profundas en la cultura de los esclavos, que era popularizada entonces para grandes audiencias por Ray Charles y Arthur Alexander. De hecho, las primeras canciones del cuarteto de Liverpool parecen versiones británicas de The Miracles, la primera banda realmente exitosa de Motown Records, cuyas grabaciones cruzaban el océano en barco y llegaban desde Detroit a la ciudad portuaria de Liverpool.

Hasta que se dieron cuenta de que la composición de sus propios temas era mucho más interesante musicalmente —y más lucrativa económicamente—, en sus primeros discos incluyeron abundante música traída del otro lado del Atlántico, incluida una versión canónica de «You've Really Got a Hold on Me» publicada en *With the Beatles* en 1963, justo un año después de que fuese popularizada por los Miracles.

Como vimos en el capítulo anterior, si algo funciona, no lo toques demasiado. La escucha en paralelo de ambas canciones, original y versión, hace evidente que los Beatles buscaban un elevado grado de mímesis con aquellos grupos que despuntaban en el mercado de Estados Unidos. Su sonido «a la americana» también explica que en el momento de su estallido como banda de masas despertasen los típicos recelos generacionales, de los que ya hemos hablado; aunque, si bien nunca faltaron críticas a la música del cuarteto de Liverpool, su éxito no fue solamente cosa de «jovencitas», como muchos de sus detractores defendían, sino que alcanzaron un cierto prestigio muy rápidamente.

Pero si los Beatles se hubiesen quedado como banda de versiones, obviamente no hablaríamos de ellos aquí. Su papel en la música fue mucho más lejos. Su fulgurante ascenso les facilitó acceso a mejores medios de producción musical y, con la ayuda paciente de George Martin, su música ganó complejidad, aunque casi siempre lo haría dentro de parámetros sonoros asumibles para el gran público.

Resulta increíble que entre la publicación de su ingenuo primer álbum, *Please Please Me*, en 1963 y la salida a la calle de *Revolver*, en 1966, pasasen solamente tres años y medio. Parecen discos de mundos diferentes y resulta abrumador que un tema emocionalmente devastador como «Eleanor Rigby» fuese escrito por un chaval que todavía no había cumplido los veinticinco. Pero la hazaña se amplifica cuando, menos de un año después, ve la luz *Sgt. Pepper's Lonely Hearts Club Band*, considerado, seguramente con justicia, como el mejor disco de la historia, aunque pocas de sus psicodélicas canciones se cuentan normalmente entre las más escuchadas del grupo.

El *Sgt. Pepper's* fue una especie de Rubicón para el cuarteto. Abría la puerta a un nivel más adulto y sesudo de creación, pero al mismo tiempo marcaba un punto de no retorno: la creciente ambición creativa, especialmente en el plano de la producción musical, al tiempo que sedujo a muchos críticos con su atrevimiento, y todavía hoy goza de admiración generalizada, en último término debilitó gravemente la convivencia de los cuatro miembros. Cuando su música era menos ambiciosa y más intuitiva, era más fácil ponerse de acuerdo en el rumbo del grupo.

Como ejemplo del efímero punto de equilibrio que alcanzaron en ese álbum nos ha quedado quizás la mejor canción pop grabada en el siglo xx. «A Day in the Life», que pone el colofón al disco, mezcla sofisticadas gamberradas sonoras, como su orquesta sinfónica convocada al estudio exclusivamente para hacer ruido, con una escritura transparente e inspirada, una interpretación vocal brillante por parte de Lennon y McCartney y unos estándares de calidad de edición sonora difíciles de obtener con la tecnología de los sesenta. No es, ni de lejos, tan popular como «Yesterday» o «Hey Jude», pero seguramente encarna mucho mejor ese perfil de los Beatles como un grupo que se anticipó a otros en su uso del estudio de grabación como el verdadero escenario creativo de su música, algo que todavía no se había consolidado dentro de la industria.

Todo lo demás es historia. Los efectos sonoros y trucos de audio que empleaban en sus discos más atrevidos dieron lugar a todo tipo de leyendas urbanas sobre pistas invertidas y audios en último término. Todas ellas con un fondo de realidad: con las nuevas armas tecnológicas, la linealidad de la música se hacía pedazos a voluntad y la interpretación espontánea perdía importancia, siempre que tuvieses la suficiente paciencia para soportar interminables sesiones nocturnas de trabajo en el estudio.

Es posible que esto que he descrito ahora nos traiga a la cabeza lo que hemos visto en el capítulo anterior. Y ahí, exactamente, es a donde quiero llegar. El éxito de los Beatles no empaña su calidad como músicos, que indudablemente poseyeron, pero los convirtió en un estándar a partir del cual se ha alumbrado toda la música industrial desde entonces.

Ellos engrasaron el engranaje comercial de la industria cuando demostraron que un simple grupo de música podía alcanzar la máxima celebridad mundial. Ellos asentaron la tiranía de los procesos de grabación como el verdadero epicentro creativo de la música popular. Ellos, por supuesto, abrieron el camino para un modelo de comercialización musical voraz, basado en la evolución del relato sonoro de un artista, a través de sucesivos álbumes lanzados al mercado periódicamente. Y también ellos, no lo olvidemos, contribuyeron más que nadie a la divulgación masiva de las estructuras fijas en el pop, desde las progresiones de acordes de sus canciones, copiadas hasta el hartazgo, a la más elemental estructura instrumental. Como sus discos eran escuchados por más gente de la que nunca antes había escuchado una canción concreta, la discografía de los Beatles se convirtió en la Biblia de la música pop, a todos los efectos.

Tengamos en cuenta que, durante décadas, la formación canónica del pop y el rock imitaría la suya (batería, bajo, guitarras y voz), como herencia de su éxito y contraposición a la *big band* propia del swing y el jazz, con un dominio que solamente ha declinado recientemente con la llegada de las músicas urbanas y la electrónica. Aunque en sus discos se cuelan desde cuartetos de cuerda a secciones de metales, el estándar de grupo pop giró en torno a esa instrumentación hasta hoy, con una preferencia, no casual, por bandas de cuatro miembros.

Incluso, en un alarde de maestría comercial, crearon sus propios efectos de *branding* sonoro, a la altura del «ta-dum» de Netflix y el «bocinazo de Nolan», de los que ya hemos hablado. Aproximadamente a partir de su tercer álbum, todas sus canciones importantes arrancan con un sonido característico que permite identificarlas al instante, como ese primer acorde abierto que resuena en el aire justo antes de empezar «A Hard Day's Night». Cualquier persona mínimamente aficionada a la música identifica ese tema al momento, sabe que ha empezado «All You Need Is Love» cuando escucha los primeros compases de La Marsellesa o se prepara para la calidez de «Something» en cuanto suena su original introducción de batería. Esta llamada de alerta, que resultaba especialmente efectiva cuando sus canciones eran difundidas en la radio, como una especie de «gancho sonoro» es todavía un estándar cuando se confecciona un tema que aspira a éxito discográfico.

Como dije al comienzo de este capítulo, pocos de estos hallazgos fueron creados por los Beatles, pero eso no importa, porque ellos fueron los que los popularizaron a nivel mundial, junto a toda una generación musical privilegiada que, por imitación o discrepancia, aprovechó la ventana de oportunidad que ellos abrieron. Cada cosa que grababan los Fab Four tenía consecuencias al instante. Grupos y solistas de primera fila adaptaban rápidamente en los Estados Unidos los temas del cuarteto de Liverpool, como la gran Aretha Franklin y su versión de «Eleanor Rigby» o la legendaria versión de «With a Little Help from My Friends» fijada como nuevo estándar por Joe Cocker. Con ello invadieron irreversiblemente el país del que habían tomado sus referentes, como explica Elijah Wald en un magnífico libro, expresivamente titulado *How The Beatles Destroyed Rock 'n' Roll* (en español sería: Cómo los Beatles destruyeron el rock'n'roll).

Los Beatles transformaron la historia de la música popular para siempre porque provocaron su extinción y la forzaron a transformarse en otra cosa.

Emborronaron las fronteras entre arte, industria y cultura y, con ello, redefinieron lo que significaba ser una banda de pop-rock, a través de la escritura y producción de su propio material, en una época dominada por intérpretes de canciones ajenas. Introdujeron en el pop una forma de arte conceptual e, incluso, tuvieron tiempo de ser los grandes pioneros del vídeo musical, a la vez que su propia imagen se transformaba, ella misma, en una obra de arte consumida por las masas.

Alguien alegará, ciertamente, que no fueron los únicos. Que en su misma década arrasaron bandas femeninas como las Ronettes y las Supremes, a las que poco se les reconoce hoy que alcanzaran una popularidad tan notable en plena beatlemanía. Alguien recordará, también con razón, que los Beatles no estaban solos; que la *British Invasion* también la protagonizaron los Kinks, los

Yardbirds, los Rolling Stones y los Who, o que el galés Tom Jones también andaba por allí, con un impacto tan perdurable como los de Liverpool; que en Estados Unidos estaban los Beach Boys y la emergencia de Bob Dylan; o que Elvis fue una estrella mundial hasta el día de su muerte.

Todo esto es correcto. Pero fueron los Beatles los que rompieron récords de ventas, conquistaron mercados internacionales como nadie lo había logrado antes, y, con ello, cambiaron la forma en que el mundo escucha música, los mecanismos con los que ésta se comercializa y, en última instancia, los protocolos para producirla. Y gracias a la difusión alcanzada, su música fue un modelo para miles de artistas de generaciones futuras, no solo por su calidad, sino también por su disponibilidad.

Se convirtieron, ellos mismos, en un estándar. El modelo a seguir, de entonces en adelante.

Por eso nos gustan. Por eso se les admira y se les preserva en el vértice de la pirámide. Porque prácticamente toda la música popular compuesta en el último medio siglo deriva de lo que ellos hicieron, ya sea por imitación o por oposición. Estamos mentalmente formateados para cada una de sus canciones porque son los moldes sobre los que se forjaron las siguientes. Porque hemos crecido con ellas y con sus herederas.

La música grabada por los Beatles fue una coctelera en la que se mezclaron diferentes ingredientes que estaban ahí, dispuestos para que alguien los fusionase. Fueron el punto culminante de un desarrollo sonoro gestado en los treinta años anteriores a su éxito. Una especie de carrera armamentística de la música que tuvo lugar en Occidente y que, como veremos en el siguiente capítulo, tuvo algunos protagonistas improbables.

3

¿Cómo se conquista el mundo con un trombón?

Parece que el éxito musical en nuestra época se relaciona de manera inevitable con un aspecto físico atractivo y un hábil uso de las tendencias de moda. Pero hubo un tiempo, no muy lejano, en que un muchacho con aspecto de maestro de escuela puso el mundo musical a sus pies tocando un instrumento tan poco rebelde como el trombón. Aquel chico, que había pasado su infancia entre Nebraska, Oklahoma y Colorado, se llamaba Glenn Miller (ver imagen 6). En los años veinte y treinta del siglo pasado, Miller fue uno de los grandes responsables del establecimiento de esa industria musical de cuyas consecuencias hemos hablado en los capítulos anteriores.

Antes de convertirse en uno de los rostros más reconocibles del esfuerzo bélico de su país durante la Segunda Guerra Mundial, y de su misteriosa desaparición en 1944, el joven Glenn estuvo enrolado en la banda de una de las grandes estrellas musicales de los Estados Unidos: Benny Goodman. Si Miller conservó durante toda su vida su característico aspecto de profesor, de pulcro peinado y gafas con montura al aire, la imagen de Goodman era la de un apacible director de escuela (ver imagen 6). La mercadotecnia todavía no había aterrizado con toda su fuerza en la música comercial y el éxito no dependía tanto de la longitud del flequillo o de un aspecto desafiante y rebelde. Por el contrario, la mayoría de las personas que triunfaban en la primera mitad del siglo XX ofrecían una imagen perfectamente «normal» para los estándares burgueses. Aquellas primeras estrellas discográficas no se diferenciaban demasiado de su propio público objetivo, vestían con la etiqueta que esperaríamos de un padrino de boda y tocaban instrumentos de intachable pedigrí como el trombón o, en el caso de Goodman, el clarinete.

Puede que los grandes logros comerciales de aquella generación de la escena estadounidense resulten discretos si se comparan con cifras actuales de difusión, ya que, como hemos visto, el alcance de la reproducción musical es abrumadoramente superior al disponible entonces, que estaba ligado inevitablemente al soporte físico y a la radio como único medio sonoro de masas. Sin embargo, parece evidente que personalidades como Miller y Goodman sentaron las bases de lo que ha significado el éxito musical desde entonces en prácticamente todo el mundo.

Si escuchamos los primeros compases de «Sing, Sing, Sing», un éxito musical de 1937 tan difundido que todavía hoy se introduce como pieza de carácter en muchas escenas cinematográficas, identificaremos las que han sido las principales claves del éxito discográfico desde entonces, como si fuese un prototipo: un comienzo característico, para que el tema sea memorable y rápidamente reconocible; una gran fuerza en la percusión, que conecte de inmediato con el instinto rítmico de la audiencia; una estructura fresca y moderna, aunque lo bastante conectada con la tradición como para resultar comprensible y un desarrollo fluido, suficientemente variado como para que no aparezca el aburrimiento, pero, al mismo tiempo, predecible, para que no provoque confusión y desconcierto.

Aunque las piezas interpretadas por Goodman y Miller presentaban con frecuencia una duración variable, con el objeto de que fuesen bailadas en todo tipo de fiestas, también se vivió entonces una tendencia general hacia momentos musicales más breves y concisos, en torno a los cinco minutos de duración que todavía son un estándar genérico cuando se compone música popular. En aquella época esta brevedad suponía una notable diferencia con la música orquestal interpretada en teatros y auditorios, donde un solo movimiento sinfónico superaba con frecuencia el cuarto de hora y se atesoraba un estilo de composición vinculado a la tradición clásica europea, más intelectual y elaborado, con desarrollos más complejos y estructuras más desafiantes al oído.

Estas características propias de la música de concierto, que hoy todavía denominamos con ese impreciso término de «música clásica» del que daremos cuenta en los próximos capítulos, suponen una molesta complejidad para el tipo de escucha casual que se busca en la música popular. Resulta casi enternecedor que cada nuevo estilo musical que triunfa en el mercado sufra la habitual crítica enfurruñada hacia su simpleza compositiva cuando la generación del swing fue la que más claramente asentó las sólidas bases de lo que sería la música pop internacional, precisamente por medio de una simplificación —que no abandono— del lenguaje canónico de la música occidental.

Por otra parte, dejemos claro que en la época de Bach la gente no danzaba elaboradas oberturas para clavecín en la feria de su ciudad, si no que, por lo general, se divertían con músicas de menor enjundia intelectual y disfrute más espontáneo. Como veremos en la segunda parte de este libro, cada lenguaje tiene su contexto, y el de la música popular ha procurado una mayor sencillez en sus estructuras porque así se adapta mejor a las funciones que se le demandan. Algo que no significa, en absoluto, ni mayor simpleza ni menor calidad: hay canciones pop que implican una dificultad creativa análoga a la de sinfonías enteras. Simplemente, se trata de retos diferentes.

Pero regresemos al período de entreguerras, con su música concisa, directa y chispeante, idónea para el ocio de una gran mayoría de la población y manufacturada desde Estados Unidos para el mundo. Este fue el clima sonoro en el que Glenn Miller creció y triunfó. En un momento en el que el acceso a la música grabada era cada vez más frecuente, y la radiodifusión avanzaba a una velocidad de vértigo por buena parte del planeta, aquel trombonista de Iowa pulsó las teclas correctas y se convirtió en una de las primeras grandes estrellas del disco y de la radio. En su fulgurante carrera, truncada con solo cuarenta años durante su gira para las tropas destacadas en Francia tras el desembarco de Normandía, instaló más temas en las recién nacidas listas de éxitos de los que luego alcanzarían estrellas como Elvis o los Fab Four.

Como homenaje a su primacía como estrella discográfica, el cuarteto de Liverpool incluiría en el puzle sonoro con el que culmina «All You Need Is Love» un breve *sample* del famosísimo arpegio inicial de «In the Mood», el tema con el que Miller ha pasado a la posteridad. Este ataque de saxofón tiene tanta identidad como para que nuestro oído lo reconozca al instante en medio del aparentemente caótico final de la canción de los Beatles. Recordemos que ésta es una de las ideas que hemos enunciado como clave para un éxito discográfico: un comienzo característico que se fija en nuestra memoria y que identifica lo antes posible el tema que escuchamos. Y que, además, sea lo bastante nítido como para que destaque al instante en una difusión radiofónica, en la que la calidad de escucha variaba según la potencia de la señal, el aparato receptor y el ruido ambiental.

Tras su aparente simpleza, «In the Mood», compuesta por Wingy Manone, Andy Razaf y Joe Garland, es toda una clase magistral de música popular. Su pegadiza y cantable melodía principal, que resulta, literalmente, imposible de olvidar, recuerda a las armonías vocales que habían popularizado The Andrews Sisters, las grandes estrellas de la música del período de entreguerras. Su ritmo, bailable pero predecible, se adapta a cualquier celebración en la que no se pretenda demasiada exaltación, al igual que su recorrido, lineal y sin sobresaltos, en el que pequeños solos instrumentales aportan la necesaria variedad. La estructura es tan transparente que facilita, si es necesario, la prolongación de la pieza de cara a su presentación en vivo: aunque el núcleo musical del tema es breve, el esquema permite su repetición, tantas veces como sea necesario, para que el público disfrute del baile, de igual modo en que las grandes estrellas del pop alargan en sus conciertos sus temas más memorables, para que los miles de personas asistentes maximicen su disfrute con aquellas canciones que mejor conocen.

Fue así como se pusieron las bases de la música popular internacional, con un predominio cultural de Estados Unidos en el ocio musical que, si bien ya era notable antes de la Segunda Guerra Mundial, se convertiría en una auténtica hegemonía después del conflicto. Una preponderancia cultural en la escena musical que no tiene equivalente en ningún otro momento de la historia y que, gracias a su capacidad de adaptación y absorción de influencias, ni siquiera ha sido igualada por la gran emergencia de las músicas latinas o el K-pop. Después de casi un siglo, y del paso de múltiples estilos y tendencias, el mercado estadounidense todavía no ha cedido su puesto como la principal influencia de la música popular en todo el mundo desde que estos grandes éxitos de entreguerras tuvieron sus imitaciones y adaptaciones, de las que luego hablaremos, en todos los continentes.

Por supuesto, Glenn Miller y Benny Goodman no estaban solos en este alzamiento del swing como música para las nuevas masas que supuso, en buena medida, la construcción del imperio musical anglosajón. Junto a ellos se cita con frecuencia a Count Basie como el tercer eslabón de la cadena, porque ya se sabe lo que nos gustan las trinidades (ver imagen 6). Estos tres titanes popularizaron gran cantidad de temas estrictamente instrumentales, algo que hoy sería impensable, pero que se entiende desde la importancia social del baile en la sociedad de entonces. Todos ellos compusieron la mayor parte de su música para un instrumento colectivo que se convirtió en un estándar: la *big band*. Esta formación musical hundía sus raíces en la música negra de Nueva Orleans, pero se había consolidado como el equivalente «ligero» a la orquesta sinfónica, estaba aceptada en el ocio de la población blanca del país y proporcionaba la potencia de sonido necesaria para las grabaciones discográficas en una época analógica.

Basie, no obstante, era el más jazzístico de los tres y el más elaborado en cuanto a su vocabulario compositivo. Décadas después sería corresponsable de uno de los mayores éxitos de la música pop, cuando en 1964 grabó con Frank Sinatra la versión que todo el mundo conoce de «Fly Me to the Moon», aunque realmente el arreglo era obra del omnipresente Quincy Jones. El estilo de Basie fue más diverso que los de Miller y Goodman, que no dejaban de ser una versión simplificada (y blanca) de una música que difícilmente ocultaba que sus raíces estaban en el jazz.

El hecho de que la formación musical por excelencia fuese la mencionada *big band* facilitaba también que el swing y todas sus músicas derivadas construyesen su propio *star system* a efectos comerciales. Como hemos visto al comienzo de este capítulo, Glenn Miller fue miembro de la banda de Benny Goodman hasta que montó la suya propia, al igual que éste había pasado antes por las prestigiosas orquestas de Fletcher Henderson o Ben Pollack. Esta dinámica comercial se ha replicado en el pop desde entonces: el despegue de la estrella emergente de un grupo que lanza su carrera en solitario en el momento en que su fama eclipsa a la de su propia agrupación, ya se trate del *sorpasso* de Diana Ross sobre The Supremes, o de Beyoncé independizándose de Destiny's Child.

Como también ocurría en el jazz más puro, del que luego hablaremos, la asociación de las distintas bandas con solistas y vocalistas de renombre amplificaba el alcance comercial de sus productos musicales, como en el caso tardío, ya comentado, de Sinatra y Count Basie. La combinación de artistas admirados es una fórmula que ha dado grandes beneficios a la industria musical, y pocas cosas elevan de manera más efectiva la recepción de un concierto que la presencia de otras estrellas, invitadas a colaborar en el show como regalo al público que participa ese día. Como ya hemos comentado al comienzo de este libro, la música es un fenómeno eminentemente colectivo y, hasta cierto punto, el triunfo del modelo de explotación de la música pop que ahora comentamos ha coartado ese disfrute grupal de la música en formas que apenas percibimos, porque hemos nacido con ellas.

Pero si nos interesan aquí estas relaciones entre diferentes intérpretes y bandas es, sobre todo, porque serían cruciales para que la música comercial ofreciese cierto espacio para la diversidad de talentos.

Ya que la presencia de mujeres instrumentistas en las bandas era inusual, las colaboraciones fueron la herramienta necesaria para el triunfo de las grandes vocalistas femeninas. Por este motivo, el canto solista se convertiría en el escenario casi exclusivo en el que desplegaron su talento figuras de esta primera música pop como Patti Page o Dinah Shore. Desde entonces, y hasta la actualidad, en la música popular continúa implantado este cliché, asumido tácitamente por la sociedad y el público: las mujeres que triunfan en la industria discográfica lo hacen en la mayor parte de los casos como vocalistas, mientras que la presencia de instrumentistas mujeres en grupos y bandas, aunque ya no es tan inusual como hace un siglo, es abrumadoramente inferior a la de los hombres, a menos que el grupo sea íntegramente femenino o las mujeres lideren la banda.

En este sentido, fue fundamental la figura de Peggy Lee, una de las personalidades más influyentes de toda la música del siglo xx, que empezó, precisamente, como cantante en la banda de Benny Goodman (ver imagen 7). Con una carrera estelar sostenida durante más de medio siglo, que incluye una nominación al Oscar por su actividad como actriz y la composición de las exitosas canciones de la película *La dama y el vagabundo* de Disney, Lee fue el gran referente vocal de la canción en inglés en los años cuarenta y cincuenta. Sinatra y Bing Crosby declararon su admiración por ella, Duke Ellington la consideraba «la reina» y Paul McCartney fue un fiel seguidor de su estilo vocal.

Cuando en 1960 Elvis Presley grabó la canción «Fever», compuesta por Eddie Cooley y Otis Blackwell, su sensual interpretación se volvió inmortal, aunque realmente calcaba de manera descarada la versión que la propia Peggy Lee había convertido en un gran éxito apenas dos años antes. Una escucha de ambas interpretaciones delata al instante cuánto debe el estilo de Elvis a la magnífica lectura de Lee, a quien imita en la claridad del tono y copia incluso en la rítmica del texto, muy diferente al primer registro del tema que había lanzado Little Willie John. Aunque en círculos musicales se refiere con frecuencia que la de Lee es la mejor versión de este clásico, es indudable que la de Elvis es mucho más popular. Lee fue considerada en Estados Unidos como la gran «reina del pop» hasta que Madonna, otra reconocida admiradora suya, le arrebató oficiosamente ese título. Su carrera nos sirve como recordatorio de que la posteridad ha encumbrado sobre todo a las estrellas masculinas, cuando en el triunfo de la música pop buena parte de las artistas de mayor éxito fueron mujeres.

Por imitación, se desarrolló todo un ecosistema de bandas y estrellas solistas, donde se copiaban no solo los temas más exitosos, sino también la puesta en escena e, incluso, la estética personal. De igual modo que hoy determinadas modas en el vestir son consustanciales a muchos géneros musicales y forman parte de su escenografía característica, el atildado aspecto de Glenn Miller y Benny Goodman fue replicado hasta tal punto que el talentoso Tommy Dorsey, con su trombón en la mano, resulta en muchas fotografías promocionales prácticamente indistinguible del propio Miller.

En un mercado de éxito creciente, donde un simple músico se convertía de golpe en una estrella nacional y aspiraba a una difusión global, la respetabilidad, al menos en apariencia, era también un valor comercial. Y en una sociedad como la estadounidense, el decoro estaba fuertemente condicionado por el racismo que anidaba en todo el país.

Tras su aspecto perfectamente blanco y norteamericano, Goodman camuflaba su origen judío y nada sugería que su padre era un sastre polaco y su madre había nacido en Lituania. El propio Benny dio sus primeros pasos como clarinetista en la sinagoga con solo diez años, aunque en su música comercial no se aprecie el menor atisbo de la rica tradición musical judía. No olvidemos que su carrera explotó en los años previos a la Segunda Guerra Mundial, posiblemente la época más antisemita en toda la historia contemporánea, cuyo furor solo se vería templado pocos años después por el descubrimiento de los campos de exterminio en Europa.

Por su parte, el tema más reconocible de Goodman, «Sing, Sing, Sing», del que ya hemos hablado, había sido compuesto por Louis Prima, magnífico trompetista de Nueva Orleans nacido en una familia de migrantes sicilianos en una situación de extrema pobreza. Que Prima compusiese temas de éxito popularizados por otros artistas más acordes con el ideal blanco de la sociedad estadounidense del momento no es ninguna casualidad: si antes hice referencia explícita a que «In the Mood» había sido compuesta por Wingy Manone, Andy Razaf y Joe Garland se debe a que los tres genios creativos detrás de la pieza más famosa de Glenn Miller eran afroamericanos, como lo fueron también Eddie Cooley y Otis Blackwell, autores de «Fever», o la gran pianista y compositora Mary Lou Williams, que componía y arreglaba temas para Benny Goodman.

En los Estados Unidos de la época si estos músicos procedentes de minorías marginadas hubiesen lanzado como solistas sus propias composiciones, el éxito habría sido probablemente menor del que los mismos temas obtuvieron siendo interpretados por músicos blancos.

Aunque la música de mayor éxito discográfico bebía sin pudor de las innovaciones rítmicas, armónicas y melódicas de la música negra, en la que se experimentaba de una forma más libre y creativa, los tiempos de la esclavitud no estaban tan lejanos y los giros más puros de los estilos afrodescendientes resultaban poco digeribles para buena parte de la audiencia blanca. Por este motivo, si bien gran parte de los ingredientes del swing proceden directamente del jazz, eran convenientemente traducidos y suavizados para que se adaptasen a los oídos de los segmentos de la población que compraban discos. Este fenómeno no resulta ajeno en nuestro tiempo: la actual hegemonía de los sonidos latinos y de corrientes como el hip-hop y las músicas urbanas también ha venido convenientemente precedida de cierta domesticación.

Por supuesto, en paralelo a estos superventas de la época creció también el prestigio de las grandes personalidades del jazz, que eran la fuente original de todas estas innovaciones musicales. Pero no olvidemos que estrellas de la talla de Louis Armstrong o Ella Fitzgerald sufrieron el racismo más duro durante prácticamente toda su vida. Por mucho que fuesen los músicos más relevantes de su país en la primera mitad del siglo XX, no alcanzaron un reconocimiento unánime y transversal hasta prácticamente el final de sus carreras.

Incluso en la cima de su fama, Armstrong no podía hospedarse en muchos hoteles por su color de piel, o se encontraba con que, durante una gira, sus compañeros blancos comían en el salón del restaurante, mientras él era relegado a la cocina, donde no fuese visto por los huéspedes. Por su parte, Fitzgerald, como tantas cantantes afroamericanas, nunca fue escuchada en algunos de los clubes de música más importantes de la nación, simplemente porque estaba vetada. En una entrevista con el locutor Fred Robbins en 1963 habló abiertamente de la discriminación que sufría pese a ser una estrella y de cómo la trataban mucho mejor en el extranjero que en su propio país, pero esta conversación radiofónica nunca fue emitida.

Con el paso del tiempo, muchas biografías televisivas y cinematográficas han resaltado las barreras sociales que las estrellas del jazz, el blues y el soul afrontaron a lo largo de su carrera, pero el denominador común de todas esas dificultades no es otro que el racismo, que todavía hoy dificulta la comprensión de un hecho que parece innegable: la mayor aportación de los Estados Unidos a la historia de la música la hizo su población afrodescendiente.

A medida que esta realidad se hacía insoslayable, clubes, teatros y auditorios que querían la mejor música posible para una audiencia cada vez más exigente, deseosa de nuevas experiencias sonoras, abrieron sus puertas a aquellas celebridades del jazz que tanto habían sufrido la segregación. Pero esta aceptación relativa estaba condicionada y la dureza con la que se juzgaban mediáticamente las transgresiones de las estrellas de la música variaba según el tono de su piel. El recordatorio más crudo de esta hostilidad fue la biografía de Billie Holiday. Probablemente la voz más influyente que han dado los Estados Unidos al mundo, Lady Day combatió con su infinito talento la fama de conflictiva que la acompañó durante toda su vida, como si los músicos blancos nunca hubiesen tenido problemas personales o adicciones.

Progresivamente, a medida que el jazz y todos sus derivados fueron correctamente identificados como una de las grandes aportaciones de la cultura estadounidense, gracias a que disfrutaba de una valoración internacional muy superior a la que recibía en su propio país, esta música basada en el ritmo y la improvisación se convertiría, irónicamente, en un ejemplo de creación intelectual. Pero esta historia la veremos en la segunda parte de este libro.

Lo que nos interesa ahora es la forma en la que Estados Unidos lanzó al mundo una versión socialmente aceptable de aquel sustrato musical que había sido creado por generaciones de personas esclavizadas procedentes de África. La fuerza de la industria discográfica convirtió el swing en el primer gran estándar mundial de la música pop. Hasta tal punto que incluso estilos hegemónicos posteriores, como el rock, se construyeron a partir de una relación de imitación o negación de su exitoso antecesor.

Y aquí viene la parte más irónica de esta historia. Porque tanto los ritmos y melodías de la música estadounidense como la formación instrumental de la *big band*, elementos todos ellos derivados del jazz, se convirtieron en pocos años en el modelo a seguir en prácticamente todo el mundo. Por ejemplo, la canción ligera europea adoptaría la instrumentación y buena parte de las estructuras armónicas y melódicas del swing como si fuese una especie de lengua franca discográfica. Pensemos en los grandes solistas de la canción melódica italiana, acompañados por bandas que en su composición instrumental y vestuario parecían salidas de cualquier club neoyorquino. Un repaso histórico al Festival de San Remo ofrece una radiografía precisa de la profunda huella del primer gran estilo global de la historia.

El influjo de esta corriente musical dominante llegó incluso a países lejanos que contaban con una tradición musical propia, totalmente diferenciada de la occidental. Así fue cómo en China se desarrolló una música pop de evidente ascendencia anglosajona en torno a la ciudad portuaria de Shanghái, que tradicionalmente ha sido, por sus conexiones comerciales, la más permeable a la influencia extranjera.

La industria musical china de los años treinta y cuarenta creó su propio *star system* de solistas que imitaban el estilo de la música norteamericana, entre las que destaca el grupo de mujeres conocidas como las Seven Great Singing Stars, cuyas carreras presentan abundantes analogías con las de muchas solistas occidentales. En aquellas décadas, China desarrolló su propia industria discográfica alrededor del mandopop, con canciones cantadas en mandarín. Por un lado, este fenómeno nos da la medida de la enorme capacidad de influencia cultural que tuvieron en swing y el jazz, que daban lugar a imitaciones incluso en países con una tradición sonora tan diferente y rica como China.

Pero también es importante que entendamos que esta mundialización de la música anglosajona, provocada por la popularidad del swing, y espoleada por las incipientes industrias discográficas de los diferentes continentes, implicó también el arrinconamiento de gran cantidad de tradiciones musicales propias. Por este motivo, los sucesivos movimientos internacionales del pop recibieron numerosas críticas a medida que consolidaban su expansión global. Si en la actualidad muchos países de Asia producen una música pop que, como comentamos en la introducción, es estructuralmente indistinguible de la música occidental, se debe probablemente al exitoso desembarco del swing en este continente, que abriría la puerta a multitud de músicas comerciales posteriores.

Curiosamente, de todas las regiones del mundo que padecieron el contagio de la música estadounidense de los años treinta y cuarenta, sería América Latina, y particularmente el área del Caribe, la que daría la vuelta a la partida. Las formaciones musicales derivadas de la *big band* se implantaron también con fuerza en la música latinoamericana pero, en este caso, no servirían solo para recrear imitaciones domésticas del swing, sino que los músicos del resto de América tomarían el combo de instrumentos de viento y percusión y lo adaptarían a sus propias tradiciones locales, en un contraataque musical que triunfó donde casi todos los países del mundo fracasaron.

Ritmos de todo el continente se armaron con las innovaciones lanzadas por Estados Unidos y se consolidaron como alternativas propias a la música comercial anglosajona. Seguramente los mejores ejemplos de esta adaptación de ida y vuelta son la salsa, el mambo y el merengue, que han utilizado conjuntos instrumentales no muy diferentes a los del jazz, dando un gran peso a los metales y al segmento de percusión, pero siempre adaptados a su propio lenguaje.

Estrellas como Celia Cruz y Tito Puente, ambos con una sólida carrera internacional, encarnan a la perfección esa capacidad de la música caribeña de plantarle cara al swing con sus mismos argumentos. Si escuchamos «Oye cómo va», exitoso cha-cha-chá compuesto por Puente y popularizado por Cruz, no solo identificamos rápidamente sonidos similares a los de una *big band*, sino que encontramos todos los ingredientes clave para el éxito discográfico que hemos enumerado al inicio de este capítulo: el comienzo característico y reconocible, la fuerza percusiva, la estructura fresca y el desarrollo fluido, pero predecible. Es la misma receta, ejecutada con ingredientes similares, pero ofrece aromas y matices distintos porque su base rítmica está anclada en la tradición caribeña, basada en ritmos y sonidos que, no casualmente, también habían sido traídos a América por los esclavos llegados de África.

Esta especie de regreso a la raíz funcionó como pocas innovaciones en la historia de la música.

En 1970 el mexicano Carlos Santana consagró el segundo disco de su banda a los ritmos latinos. Hacía apenas unos meses que su interpretación en vivo de «Soul Sacrifice» había puesto patas arriba el festival Woodstock con su latido africano. Aquel segundo disco, titulado *Abraxas*, arrasó en Estados Unidos y se convirtió en un clásico instantáneo, hoy ampliamente reconocido por la crítica estadounidense como uno de los mejores de la historia. La punta de lanza de aquel exitoso álbum no podía ser otra que una versión de «Oye cómo va». Si Cruz y Puente habían contraatacado con las armas sonoras del swing, ahora Santana enriquecía la receta con su guitarra eléctrica, enseña por excelencia del rock de la que se convertiría en el gran maestro internacional, y el órgano Hammond, el sonido de la década, tocado por Gregg Rolie.

Inoculadas las células madre de la música latina y de sus genes africanos en el corazón del imperio sonoro estadounidense, paso a paso, década tras década, el cambio llegó para quedarse. Si hoy en día los ritmos latinos dominan el mundo de la música pop y se han convertido en la primera gran alternativa no anglosajona dentro de la industria comercial es, quizás, porque en este momento crucial de la historia de la música hubo miles de músicos americanos, desde Cuba a Argentina, con una parada fundamental en Brasil, que se obstinaron en demostrar que, contra lo que piensan muchos estadounidenses, «América» no es solo su país y que el continente no termina en la frontera con México.

4

Nueve sinfonías para gobernarlos a todos

En la década de 1970 dos de las mayores multinacionales tecnológicas del mundo, Philips y Sony, colaboraron en la creación de un nuevo soporte que daría un paso sólido hacia la era digital: el disco compacto. Aunque luego se extendería su uso para el almacenamiento de todo tipo de datos, en un primer momento el propósito de este salto tecnológico era la obtención de un soporte de audio que, con un diámetro inferior al de los discos de vinilo, aumentase la calidad de sonido y ofreciese una mayor durabilidad. Como parte de los muchos estándares que se fijaron para este nuevo formato, se determinó la capacidad máxima que este nuevo disco alcanzaría.

El futuro CD tendría una duración exacta de 74 minutos de audio. Ni uno más ni uno menos. Y se adoptó esta cifra, aparentemente arbitraria, para que cupiese entera la *Novena sinfonía* de Beethoven.

Alguien pensará que es una forma un poco caprichosa para la determinación de un estándar de duración. Pero este seguramente sea uno de los ejemplos más elocuentes de lo que Beethoven ha representado para la historia de la creación artística desde su muerte hace dos siglos, en particular con relación a su legendario corpus de nueve sinfonías.

Si investigamos la historia con mayor detalle veremos que entraron en juego otros factores, como cuestiones técnicas en la fabricación del soporte. Pero varias de las personas implicadas en aquel proceso, como Norio Ohga, presidente de Sony y fanático de la música sinfónica, declararon reiteradamente que Beethoven representó un papel clave de esta decisión: como las interpretaciones de la *Novena* oscilan entre los 60 y los 75 minutos, en función de la ligereza o solemnidad con la que se dirija, adoptaron como referencia una famosa versión conducida por Wilhelm Furtwängler en Bayreuth en 1951, especialmente larga, que alcanzó los 74 minutos. De este modo, la que muchos consideraban entonces la obra cumbre de la música, se podría reproducir del tirón sin necesidad de cambiar o voltear el disco, que era el problema que presentaban los registros de esta sinfonía en vinilo o casete.

Esta anécdota se ha contado en numerosas ocasiones, pero nunca deja de impresionarme, porque representa la conversión de la obra de una sola persona en un estándar universal, incluso en los ámbitos menos sospechados.

Ludwig van Beethoven representa, seguramente, la idea de genio mejor que ninguna otra personalidad de la historia de las artes (ver imagen 8). En su figura, transmitida en conservatorios y escuelas de todo el mundo, se encuentran todos los ingredientes para la admiración: el talento revolucionario, la creatividad que empuja el arte más allá de las fronteras de su época, el drama personal que espolea el trabajo intelectual y la repercusión social de una obra inmortal. Es tan grandioso que no parece un ser humano normal.

Incluso en su retrato más famoso, reproducido en manuales y libros de texto, resulta temible, concentrado en la música y ajeno a todo lo demás. Esta imagen encaja perfectamente con la descrita por Goethe, quien, después de conocer al músico, afirmó que le asombraba su talento, pero que había percibido en aquel hombre una personalidad «completamente salvaje». Aquí no nos interesa tanto la dimensión humana de Beethoven, que ha sido sobradamente perfilada en la historiografía musical, sino la manera en la que el prestigio que infunde la leyenda de este compositor ha marcado toda la música desde entonces, con una intensidad que solo es equiparable a la de Bach.

Siempre que se habla de Beethoven la palabra «revolución» flota en el ambiente. Se le admira por su superación de las estructuras heredadas del siglo XVIII, de las que hablaremos en el próximo capítulo. Con esa rebeldía que siempre se enfatiza en sus biografías, pavimentó el camino hacia el Romanticismo; progresó hacia un mundo sonoro donde la expresión emocional y la tensión dramática fuesen protagonistas como nunca antes. Si se compara su obra con el perfil humano esbozado por Goethe, y otros coetáneos del compositor, aparentemente todo encaja, aunque una comprensión más cercana de la persona y de la época en la que vivió desmiente, en el caso de Beethoven, esa supuesta actitud rebelde con la que frecuentemente se adorna su figura.

Su éxito, además, le permitió una independencia que era inédita para la mayoría de los artistas anteriores, tanto músicos como de cualquier otra disciplina. Mientras que muchos compositores antes de él dependieron de patronos y mecenas, Beethoven encarnó la idea de un artista autónomo, libre y universal, que construye su relato exclusivamente con sus intereses personales y creativos. Una personalidad dueña de su obra, en una definición de genio creativo que influirá profundamente a todas las artes a partir de entonces y cuyo eco todavía resuena en la actualidad.

De esta manera, sus composiciones van más allá de lo funcional, se desprenden de intereses crematísticos, y se convierten en expresiones personales, casi autobiográficas. Y, por encima de todas ellas, sus nueve sinfonías, ni una más ni una menos, todas ellas significativas y portadoras de novedades creativas; obras dignas de instalarse, por derecho propio, en el núcleo mismo de las grandes aportaciones occidentales al arte mundial, junto al *Quijote*, *Hamlet* y la Capilla Sixtina.

Por esta razón su figura ha sido omnipresente para quienes, después de él, han querido dedicarse a la composición musical. El gran compositor alemán prefigura un modelo venerable y un patriarca que señala el camino a quienes vienen después de él.

En este sentido, quizás su mayor impronta sea la búsqueda de una obra coherente, con su propia lógica interna y logro máximo de su biografía. En palabras de Norman Lebrecht: «El mundo de Beethoven era tan pequeño como una caja de cerillas»; tuvo una existencia sedentaria en Bonn y Viena, pasaba los veranos en un balneario, no tenemos demasiado claras sus creencias y no cultivó grandes relaciones sociales. Su vida, en último término, era su obra musical. Y esta idea, que llevaría a cualquier ser humano al borde del precipicio, es la que ha provocado durante dos siglos la enorme fascinación que rodea su figura.

Mientras que Bach, en palabras de Christoph Wolff, expresó sus ideas como compositor casi exclusivamente a través de su obra y desdeñó la escritura autobiográfica, lo que ha dificultado notablemente el estudio de su figura en los siglos posteriores, la crónica vital de Beethoven ha estado ligada a la percepción de su música de manera indisoluble, incluso en vida. Al menos desde el tramo final de su carrera, su perfil biográfico se ha empleado como la clave maestra en el proceso de desencriptado de su pensamiento creativo, muchas veces en una sobreinterpretación notable que se ha convertido en canónica.

El propio músico dejó abundantes pistas escritas sobre sus avatares, algunas de un valor excepcional, a partir de las cuales se ha perfilado su mitología. Pocos documentos han sido tan releídos en la historia de cualquiera de las artes como la carta que Beethoven escribió a sus hermanos el 6 de octubre de 1802 en Heiligenstadt; una misiva, nunca enviada, que conservó el resto de su vida, en la que expresaba su profunda angustia por el avance de su sordera, acariciaba la idea del suicidio y consagraba su vida restante a la creación musical.

Este valioso texto, que habría merecido un trato mesurado como fuente histórica, ha sido llevado, tradicionalmente, mucho más lejos de lo razonable. Aunque se trata de una evidente prueba documental de una severa crisis emocional, algo perfectamente comprensible en un músico de éxito que descubre el avance de una discapacidad que le impedirá el ejercicio de su profesión, la lectura habitual lo ha interpretado como el compromiso del genio creador con la humanidad, una especie de sacerdocio creativo por el cual aceptará el sufrimiento de su enfermedad mientras sea posible, con el objetivo de completar su obra. De este modo, ese texto se convierte en la pieza que faltaba del rompecabezas: la evidencia del pensamiento romántico, con el que Beethoven evolucionaba para convertirse en la palanca del cambio estético en la historia de la música.

Incluso en el caso de que fuese así cómo el compositor, a título personal, interpretaba esa carta y su situación vital y profesional en el otoño de 1802, una ciencia histórica madura habría tomado cierta distancia. Pero esto no fue lo que sucedió.

Convertido en un gran símbolo cultural del nacionalismo alemán, fue una pieza maestra en el relato del resurgimiento del genio germánico. Y en esta mecánica, el testamento de Heiligenstadt servía como prueba irrefutable de que Beethoven no era un ser humano normal, sino un evangelista de la creación pura, conectado directamente con la posteridad. Desde entonces, todo en su vida y obra se ha movido en la órbita de una hipérbole mitificadora, que todavía se recoge en los libros de texto con los que la mayoría de la población se aproxima a su figura.

Probablemente por estas razones, Beethoven ha trascendido la historia de la música y se ha convertido en un mito, más cercano a un Zeus creador que a una persona de carne y hueso. El propio Richard Wagner, haciéndose eco de unas embrionarias ideas racistas que poco después incendiarían Europa, admiraba al músico de Bonn de manera tan exagerada que incluso alaba su configuración craneal, que vinculaba a un pretendido «don espiritual» y a la protección que la naturaleza había elegido para un cerebro destinado a cambiar el mundo. Le habrían hecho falta mayúsculas más grandes para una exageración de semejante calibre, pero con Beethoven esta retórica se ha hecho moneda común y por eso hoy, dos siglos después de su muerte, todavía resulta difícil una aproximación razonable a su figura.

Aunque nadie en su sano juicio lo consideraría un modelo de vida, todo el mundo lo admira, porque la desproporcionada calidad de su producción musical habla por sí sola. Con ello, involuntariamente, el compositor alemán se convirtió en el paradigma del hombre creador: taciturno, antisocial, devoto de su obra y desapegado de otros seres humanos. Que sus coetáneos lo considerasen una persona extraña tampoco ha ayudado, porque ha servido como validación de la perniciosa idea de que los logros supremos del intelecto obligan a un ejercicio de misantropía semejante al de Beethoven e, incluso, han contribuido a la idea de que una persona con un comportamiento «normal» no encaja en la definición de talento intelectual.

Desgraciadamente, estas huellas culturales son profundas y su corrección resulta difícil. Incluso en las últimas décadas, en las que la musicología ha abordado de manera más mesurada y crítica las grandes figuras referenciales de la música clásica, el mito de Beethoven resulta casi inabordable, puesto que se encuentra sólidamente instalado en los cimientos de la cultura occidental.

Personalmente, creo que el mayor peligro de esta postura mitificadora reside en que dificulta la apreciación de los verdaderos logros del músico detrás de la leyenda. Sus virtudes como músico quedan tristemente oscurecidas con esas historias épicas de compromiso artístico sobrehumano. Y como, en general, la población tampoco posee un dominio de los recursos musicales suficiente como para entender el altísimo mérito de su obra, el abuso de la anécdota biográfica se ha consolidado de manera prácticamente irreversible.

Beethoven no fue un alienígena llegado de otro planeta con una mente superior, protegida por el desproporcionado cráneo que provocaba en Wagner una fascinación malsana. Al contrario, el bueno de Ludwig fue uno más de los grandes compositores de su tiempo porque caminó sobre los hombros de varias generaciones de creadores anteriores. Es posible que su obra fraguase lo que entendemos por música clásica europea, entendida como el conjunto de reglas sonoras que ha regido la música occidental en los últimos doscientos años y que, como hemos visto, ha colonizado el resto del mundo filtrándose a través de la música popular. Pero, a pesar de toda la retórica de la ruptura que se ha vertido sobre su figura, musicalmente el compositor fue siempre un fiel seguidor de la obra de sus predecesores. En particular, del trabajo de Mozart y Joseph Haydn, que fue su maestro y compartió con el joven Beethoven no solo su conocimiento sino también las sinfonías con las que había triunfado musicalmente en Londres.

A través de ellos, se convierte en el último eslabón de una cadena de perfeccionamiento técnico que habría sido improbable apenas un siglo y medio antes. Si Bach hubo de estudiar por partitura las innovaciones de los compositores italianos de referencia, con los que nunca tuvo contacto, y Mozart se mudó a Italia para conocerla de primera mano y recibir clases, en Bolonia, directamente del Padre Martini, maestro de compositores, Beethoven tuvo acceso a un conocimiento musical mayor que ambos, sin necesidad de moverse del ámbito germánico.

En efecto, en su época contaba ya con ventajas muy importantes para el desarrollo de una obra como la suya: un acceso notable a la música escrita, gracias a la expansión de la imprenta musical; un instrumento como el piano, cuyo desarrollo fue paralelo a la vida del propio músico, y que permitía un trabajo creador más funcional que cualquier otro instrumento anterior; y la popularización de los conciertos orquestales públicos, necesaria para que un músico profesional como él se permitiese la composición de nueve grandes sinfonías para una masa instrumental que apenas unas décadas antes ni siquiera se planteaba.

Tampoco fue una cuestión menor una mayor disponibilidad de papel de la que habían gozado músicos de otras épocas. El uso constante de pequeños fragmentos de papel y cuadernos de notas desplazaba la importancia de la composición hacia la investigación de gabinete. Con un sistema de trabajo en el que daba vueltas, una y otra vez, a motivos musicales, a veces durante años, la obra de Beethoven difícilmente habría sido factible sin el soporte escrito. Con todos estos recursos encima de la mesa, y desde uno de los epicentros musicales más importantes que nunca se hayan configurado en la historia mundial, su talento hizo el resto.

Como atleta del piano que fue, llegó al extremo de la experimentación instrumental. Un ejemplo de ello es su sonata n.º 29 (Opus 106), conocida popularmente por el subtítulo «Hammerklavier», que lleva al límite tanto las posibilidades técnicas del nuevo instrumento como a sus intérpretes, con una exigencia inédita que alcanza incluso el plano puramente físico: una interpretación completa de la obra supera fácilmente los cuarenta y cinco minutos de concentración máxima y actividad frenética. De este modo, se convertiría en referente de las siguientes generaciones de virtuosos del instrumento, como Robert Schumann, Clara Wieck y Franz Liszt.

Si el Beethoven pianista dejó una huella profunda, tanto este instrumento, de amplios recursos sonoros, como especialmente el cuarteto para instrumentos de cuerda fueron el escenario de sus principales investigaciones musicales. Antes de arriesgar con un atrevimiento compositivo en una sinfonía, que implica a decenas de ejecutantes y una interpretación pública, el cuarteto fue el tubo de ensayo ideal en el que experimentó muchas de sus ideas más radicales. De hecho, aunque los pasajes más famosos de su obra son algunos movimientos de sus sinfonías y sonatas para piano más célebres, seguramente pocas piezas tienen la importancia, a efectos de innovación, de la llamada *Gran fuga* (*Große Fuge*), compuesta un año antes de su muerte.

Concebida en un primer momento como movimiento final para su cuarteto de cuerdas n.º 13 (Opus 130), tanto la complejidad como la duración de la pieza van mucho más allá del cierre normal para una obra de estas características. Así lo percibió el público, que, según parece, no entendió gran cosa en su primera interpretación pública, lo que aportó un ladrillo más en el muro de Beethoven como compositor «incomprendido». Finalmente, el músico aceptaría la publicación de este movimiento por separado y la versión impresa del cuarteto se remató de una manera más convencional. Como ocurre con frecuencia en las diferentes artes, esta pieza, que no goza tampoco hoy de gran popularidad, sí ha disfrutado de la veneración de generaciones de compositores posteriores, que la alaban como una de las grandes innovaciones beethovenianas.

Pero si hay una parte de su obra con la que el músico alemán ha impactado al mundo ha sido, como antes hemos mencionado, con sus nueve sinfonías, que han formado parte durante los últimos dos siglos de la más alta mitología creativa del ser humano. Concebidas desde una perspectiva casi heroica, toda la experimentación formal que contienen supera la popularidad alcanzada por algunos de sus pasajes. Desde el primer movimiento de la *Quinta sinfonía*, con su complejo edificio sonoro que reposa sobre un único motivo musical, repetido obsesivamente una y otra vez, hasta el segundo movimiento de la *Séptima*, donde deposita, capa tras capa de sonidos, una textura sonora sobrecogedora, vertebrada por una melodía de engañosa simpleza. Cada solución técnica de estas nueve obras, ya sea melódica, armónica o instrumental, ha sido, desde entonces, la escuela musical del mundo.

En el momento en que se convierten en leyendas, el valor de referencia de las sinfonías de Beethoven superó su enorme mérito como piezas musicales. Como quien ofrece sacrificios a un ente superior, las generaciones posteriores veneraron y temieron el número mágico de las nueve composiciones sinfónicas y se creó toda una mística alrededor de estas piezas, que músicos como Franz Schubert o Gustav Mahler tuvieron presentes durante toda su vida.

La fascinación por estas piezas no ha perdido un ápice de vigencia. Cada vez que cualquier orquesta o auditorio del mundo programa una de las nueve se supera el volumen habitual de entrada a cualquier ciclo de música clásica. Incluso una parte de la música sinfónica actual, con la que el gran público tiene contacto especialmente a través de la música incidental del mundo audiovisual, todavía conserva el impacto del músico de Bonn. Los pasajes más destacados de sus sinfonías han servido como modelo también para compositores tan populares como John Williams, de manera que, aunque nunca hayas escuchado una sinfonía de Beethoven completa en tu vida, ya has oído, más de una vez, su universo sonoro y muchos de sus recursos, adaptados por generaciones de músicos posteriores.

En el momento de su muerte, aquel músico misántropo que nunca había visto el mar gozaba de una fama mayor que la de cualquier otro compositor. Su funeral fue casi un acto de Estado y a su cortejo fúnebre acudieron miles de personas. Un hecho que desafía la mitología del personaje como alguien apartado del mundo, pero también un síntoma de que en la identidad cultural germánica, de la que Beethoven era un emblema, se gestaba el amanecer de un proceso que conduciría a la unificación alemana y todo lo que vendría después.

La figura de aquel difunto, en realidad, representaba la culminación de un proceso intelectual, desarrollado alrededor de la música en Europa durante todo el siglo XVIII. En ese tiempo, a partir de innumerables modelos de creación sonora, un proceso de decantación progresivo llevó a la consolidación de un único lenguaje y un único sistema, capaz de dominarlos a todos.

Beethoven fue su mayor profeta. Pero todo cuanto hizo se apoyó en el apostolado musical de las generaciones anteriores, que promovieron, con su trabajo, una de las mayores estandarizaciones culturales que el mundo haya visto.

5

El mundo bien afinado

Hagamos un viaje imaginario. Estamos en Ciudad del Cabo, una de las capitales de Sudáfrica. Es 2 de enero y hemos venido por la celebración del Kaapse Klopse, uno de los festivales de música y danza en la calle más ricos y diversos del mundo. En el repertorio musical de esta famosa celebración se mezclan ritmos y tradiciones locales con las influencias de los esclavos traídos de lugares tan lejanos como Sri Lanka, Indonesia o Malasia, bañados por la presencia de la música colonial neerlandesa y británica. Una verdadera ensalada de músicas, aliñada con el ambiente festivo.

En este contexto, nos acercamos a una de las bandas de metales que, en un estilo que recuerda al Mardi Gras en Nueva Orleans, participan en las paradas con su música desenfrenada. Nos dirigimos a una de las personas que toca en el desfile. Podemos elegir el instrumento que prefiramos: la trompeta, el saxofón, el trombón o el festivo helicón. Elegida la persona, le pedimos que, con su instrumento, toque la nota la.

Lo que sucederá a continuación es uno de los logros más increíbles de la humanidad, aunque ya no le damos valor alguno.

Suponiendo que el instrumento mantenga su correcta afinación, algo que no resulta fácil cuando se hace música en la calle, esa persona tocará la nota solicitada y allí, en pleno corazón de Ciudad del Cabo, ese la sonará idéntico al que usan como referencia de afinación todas las orquestas sinfónicas del mundo; el mismo la que suena en nuestros discos o accionamos en un teclado eléctrico en cualquier casa del mundo; la misma afinación de las teclas de un piano de cola Steinway & Sons que esa misma noche pulsará la pianista china Yuja Wang en un concierto en San Francisco y que ha servido para el ajuste de las cuerdas de un ukelele con el que se entretiene a unos turistas en un hotel de Tahití.

Esta estructura de afinación nos rodea, como la Fuerza de *Star Wars*. Es la que determina la altura exacta en la que suena la alarma de nuestros teléfonos, el tono de llamada de Skype o la sirena de un transatlántico. En el momento exacto en que escribo estas líneas, escucho por mi ventana a un grupo de camiones que hacen sonar sus bocinas en una celebración festiva y esos reclamos sonoros están, también, afinados según esta misma referencia internacional.

Esta especie de magia cultural se debe a algo llamado sistema temperado. Su adopción, que hoy es prácticamente global, ha sido una de las mayores estandarizaciones de la historia de la humanidad, aunque se gestó mucho antes de internet y de la hiperconectividad del mundo actual, gracias a la enorme capacidad de influencia de la música occidental.

Llegados a este punto, pongámonos ligeramente técnicos. La afinación es uno de los grandes problemas de la historia de la música, al mismo tiempo que una de sus grandes riquezas. Si alguna vez te has preguntado por qué las notas de una flauta dulce o un piano suenan de una determinada forma, y no de otra, digamos que se debe a una serie de razones matemáticas, que, como veremos más adelante, tienen su propia historia.

Lo que nos interesa ahora es que la variación en la altura de los sonidos es lo que hace que no todas las notas suenen igual. El sonido de una nota musical depende de nuestra percepción de su altura, es decir, cómo de aguda o grave suena. Esta percepción obedece directamente a la frecuencia de vibración del sonido, de manera que las notas más agudas lo son porque tienen frecuencias altas (es decir, vibran más rápido) y las notas graves porque tienen frecuencias más bajas (vibran más lento).

La nota la que hemos pedido en Ciudad del Cabo al comienzo de este capítulo vibra exactamente a 440 hercios y es un estándar internacional desde hace menos de un siglo. Antes de esta convención, un la sonaba de formas sutilmente diferentes, según la altura que se eligiese, e incluso había diferencias territoriales a lo largo de Europa. En principio, no era un problema tan grave, siempre que todas las personas que tocasen o cantasen juntas acordasen una altura concreta para ello.

Muchas grabaciones de los Beatles, por ejemplo, suenan en el disco final más rápidas o lentas de lo que fueron interpretadas en el estudio, un truco de edición de sonido muy habitual para conseguir determinados efectos a través de sutiles cambios en la altura de las notas. No hay discordancias perceptibles al oído en el sonido de estas grabaciones manipuladas porque todo el conjunto ha sido acelerado o ralentizado en bloque, de modo que mantiene, más o menos, las proporciones correctas entre todas las notas.

La relación de proporción entre las diferentes notas ha sido la clave de las distintas tradiciones musicales a lo largo y ancho del planeta. Si en la escuela te enseñaron la entonación de la escala musical, puede que te sorprenda que ese conjunto de sonidos dista mucho de ser universal: diferentes culturas han manejado escalas y repertorios de sonidos totalmente diferentes. En muchas culturas, las notas de la escala no están a la misma distancia entre sí, o sus proporciones difieren del sistema occidental, lo cual ofrece resultados de una gran riqueza sonora que nos resulta exótica porque suena diferente al marco auditivo en que nos hemos criado.

Si escuchamos, por ejemplo, el canto de las culturas originarias de Norteamérica no solo observamos una serie de patrones rítmicos que nos resultan ajenos, sino también que la entonación de las notas ofrece variaciones y no es completamente estable. Desde un punto de vista estrictamente occidental, estarían «desafinadas», aunque, obviamente, no es así. Se trata de un recurso sonoro, transmitido a través de la oralidad, que permite a cada cantante o instrumentista jugar con la altura de la nota, ya que no se busca una exactitud de afinación sino un impulso expresivo.

Lo mismo ocurre con la música instrumental en muchas tradiciones del mundo. Por ejemplo, se observa en las melodías para flauta, seguramente el instrumento más antiguo, y común a todas las culturas; aunque la música aborigen americana que hoy escuchamos ya no es totalmente ingenua, porque ha recibido mucha influencia occidental, todavía mantiene alteraciones en la afinación de sus flautas nativas, similares a las que se practican con las flautas tradicionales de China o Japón.

En un tiempo no tan lejano, en la música europea también se practicaban con toda naturalidad este tipo de alteraciones sobre la altura de lo que se cantaba o tocaba. Nos quedan huellas interesantes en músicas que se mantienen más cercanas a la raíz, como el flamenco. La maestra Carmen Linares, cuando canta «Zorongo gitano», se mueve melódicamente en distancias más pequeñas de las que nos enseñan en las clases de música de la escuela.

La compleja técnica del cante flamenco se basa en buena medida en esta capacidad para que la afinación no sea exacta pero, al mismo tiempo, se manipule de manera correcta y con un sentido musical que es fruto de años de experiencia, de igual modo que ocurre en muchas otras músicas tradicionales del mundo, como el blues o la música de la India. En una interpretación de M. S. Subbulakshmi, auténtica leyenda del canto carnático, observamos que, si bien existen diferencias sonoras, lógicas si tenemos en cuenta que la música del subcontinente indio se cuenta entre las más complejas del mundo a efectos tonales, su capacidad de manipulación de la escala sonora recuerda fuertemente a otras músicas de raíz.

Frente a esta diversidad, que deja en manos de cada intérprete las herramientas y cierta libertad de ejecución, la escala occidental temperada ha sido la gran triunfadora, de manera que ha extendido a nivel mundial su propensión a una estandarización matemática. Y uno de los protagonistas de este proceso no fue otro que Johann Sebastian Bach.

Nos toca, de nuevo, una pequeña excursión técnica.

Frente a esta variedad de opciones en la entonación de una nota, el sistema temperado impone una estructura reglada a partir de una división muy precisa de la octava. En música, llamamos octava a la distancia entre una nota y otra que suena al doble o la mitad de su frecuencia. Parece complejo, pero cuando en la escuela cantamos «do-re-mi-fa-sol-la-si-do» básicamente hemos recorrido, nota por nota, una de esas octavas. Dentro de esa escala cantada, el primer do (más grave) vibra a la mitad de velocidad que el último do (más agudo). No son la misma nota, porque están en alturas diferentes, pero se parecen tanto que si las tocamos o cantamos a la vez suenan perfectamente juntas e, incluso, es difícil diferenciar la una de la otra. Decimos que la distancia entre ambas es «de una octava» y, con ello, ya tenemos una unidad de medida en la que se sujetarán nuestras melodías.

El problema sonoro a lo largo de la historia no fue la determinación de las octavas, que viene marcada por la física del sonido y es un fenómeno natural más o menos inmutable. La complejidad radicaba en la ubicación de las demás notas dentro de la misma, que es lo que define una escala determinada. ¿A qué distancia está el fa del do? ¿A cuánta el re del si?

En las tradiciones sonoras que hemos visto, ya sea el cante flamenco, el canto cárnico o una flauta tradicional norteamericana, estas distancias no son siempre exactas, sino que se alteran y modifican, en ocasiones según reglas preestablecidas y en otras a discreción del intérprete. Pero en el sistema temperado se utiliza una proporción estricta: la octava se divide en doce partes iguales, llamadas semitonos, que seguramente hayas estudiado en la escuela. Esto significa que la distancia teórica entre cada nota de la escala es siempre la misma, predeterminada en base a semitonos y tonos (que son el doble de grandes).

De este modo, da igual en qué nota de la escala comience una melodía o se base la estructura armónica de una pieza, ya que todas funcionarán igual. Esto no sucede así en las músicas que emplean sistemas tradicionales de afinación. Por ejemplo, si tengo una flauta tradicional que está afinada en re, solo me servirá para tocar melodías que estén en esa tonalidad, o en otras directamente emparentadas con ella. Si, de repente, necesito tocar una melodía en do, tengo un serio problema, porque necesitaré notas que no existen en mi flauta afinada en re. La resolución a este contratiempo en las músicas tradicionales es un cambio de instrumento y, por ello, es necesaria una flauta diferente para cada uno de los tonos principales que se vayan a ejecutar.

Este sistema temperado se implantó como resultado de un largo proceso cocinado en Europa durante siglos, básicamente porque, empleado como referencia general, simplifica muchas cosas y permite una interpretación consonante a grandes conjuntos musicales, como las orquestas de ópera o los coros que acompañaban los servicios litúrgicos. Si ajustamos todos los instrumentos musicales a esta estructura, y enseñamos a las personas a que también la apliquen cuando cantan, todo el mundo estará perfectamente *afinado*; es decir, que una nota determinada sonará igual en la Thomaskirche de Leipzig y en las calles de Ciudad del Cabo.

Esto que he explicado es una simplificación. Por un lado, el sistema temperado no es perfectamente «puro» desde el punto de vista de la física del sonido, ya que algunas notas se ajustan un poco para que encajen. Pero lo que nos interesa ahora es que sirvió como una solución de compromiso que suena bien en todos los tonos.

Por otro lado, no afecta a todos los instrumentos musicales, por igual, sino que, sobre todo, se plantea como un estándar para instrumentos de tecla, ya sean clavecines, órganos o, más adelante en el tiempo, el piano y los instrumentos electrónicos. En estas familias instrumentales, cuando tocamos una tecla se produce el sonido, por mecanismos diferentes. Pero desde el teclado normalmente no tenemos el poder de alterar la afinación de la nota emitida, aunque con el tiempo se desarrollarán todo tipo de sistemas y artilugios que lo faciliten.

Sin embargo, otros instrumentos, como la familia del violín, operan de manera diferente. Basta con mover mínimamente los dedos que pulsan las notas y obtendremos distancias inferiores al semitono, que escapan al sistema temperado, algo que facilita la especial emotividad de las cuerdas. Por su parte, los instrumentos de viento también logran juegos con la afinación de las notas, con modificaciones en la cantidad de aire soplado o cambios en el posicionamiento de la boca. Por último, aunque el canto humano utilice el marco temperado como referencia de afinación, la voz es perfectamente capaz de moverse en tonos más sutiles e, incluso, recursos vocales de uso común, como el vibrato o el portamento, juegan con este principio.

Johann Sebastian Bach vivió justo cuando este debate estaba en pleno desarrollo.

En su época, un cambio de tonalidad en una interpretación obligaba, todavía, a un reajuste de los instrumentos para adaptarlos a cada marco tonal. Algo que resultaba francamente engorroso. Además, la situación se complicaba cuando esos instrumentos acompañaban el canto: si un cantante necesitaba un cambio de tonalidad, para que su voz se acomodase mejor a la altura de una pieza concreta, antes del sistema temperado estos ajustes resultaban muy problemáticos.

Una de las obras más famosas de la historia, *El clave bien temperado*, consiste en dos conjuntos de preludios y fugas para teclado compuestos en cada una de las tonalidades posibles, como ensayo casi científico de este novedoso sistema temperado. Bach, que siempre tuvo alma de científico, experimenta con estas piezas todas las tonalidades, una tras otra, como demostración de que el sistema temperado, que estaba todavía lejos de su adopción unánime, resultaba funcional y evitaba los ajustes constantes de afinación del instrumento en cada cambio tonal.

De hecho, la colección repasa sucesivamente todos los tonos, en su modalidad mayor y menor —Do, do sostenido, re, y así, sucesivamente— de modo que la ejecución enlazada de todas ellas probase la viabilidad de los cambios tonales sin necesidad de reafinación del instrumento. Esta pieza tenía una función eminentemente didáctica y técnica y no fue una idea original de Bach. Otros compositores alemanes, como Johann David Heinichen y Johann Caspar Ferdinand Fischer, habían experimentado el sistema temperado en colecciones similares y sabemos, por uno de sus hijos, que Bach admiraba mucho el trabajo de Fischer.

Pero el bueno de Johann era de ese tipo de personas que no se limita a una tarea concreta. Llevó esta experimentación sonora a un nivel de exhaustividad desconocido hasta entonces.

Como quería exprimir las opciones sonoras de cada tonalidad, en las dos colecciones de *El clave bien temperado* desplegó todo su talento para la composición y el contrapunto, que era exagerado. No se conformó con la creación de una pequeña pieza, sencilla, en cada tonalidad, lo cual habría sido suficiente como experimento técnico, sino que concibió preludios de gran originalidad para cada tono, cada uno de ellos seguido de una compleja fuga musical, prueba definitiva de que todas las tonalidades eran igualmente útiles como soporte de estructuras sonoras más libres e improvisatorias, pero también para piezas de un estilo estricto. En una época en la que la música europea vivió una de sus cumbres experimentales, Bach desplegó en obras como ésta todo el lenguaje armónico que su generación había heredado y enriquecido.

Hoy en día, en los conservatorios se enseña al alumnado a componer como Johann Sebastian Bach y sus coetáneos. En este momento no solo se impulsó el sistema temperado, sino que también se desarrollaron los lenguajes musicales modernos en distintas partes de Europa, en un proceso que supuso la construcción del paisaje sonoro que hoy identificamos con Occidente. Esta primera parte del siglo XVIII, la época de Bach, Händel y Heinichen, pero también de Antonio Vivaldi y Jean-Philippe Rameau, cimentada sobre la fama de nombres de la generación anterior como Arcangelo Corelli y Johann Pachelbel, marca hasta tal punto una frontera que todavía hoy se llama «música antigua» a todo lo anterior y «música clásica» a lo que comienza con estos mitos de la composición.

En buena medida, esto fue un fenómeno generacional. De hecho, Händel y Bach nacieron el mismo año (1685) en que también nació Domenico Scarlatti, en la que podría ser la cosecha más potente de la historia de la música. Dos años antes había nacido Rameau y en 1681 había venido al mundo Georg Philipp Telemann, que seguramente fue el más exitoso de todos ellos en vida, mientras que Vivaldi había nacido en 1678.

Como vimos anteriormente con los Beatles, estos grandes compositores vivieron en el momento preciso. Una época en la que la creación musical desarrolló cierta profesionalización que permitía, entre otras cosas, un trabajo de mayor calidad intelectual. Gracias al desarrollo de la imprenta musical, la fama de un compositor trascendía la ciudad en la que trabajaba y, en el caso de algunos de estos músicos, como Corelli, la influencia de su música atravesó, e incluso superó, las fronteras del Viejo Continente.

También fue fundamental en esa época el desarrollo de perfiles de compositores y compositoras profesionales. Gente que no solo tocaba o cantaba como profesión, y que creaba piezas musicales para su propia explotación laboral, sino personas que se dedicaban a la interpretación, a la enseñanza musical y a la publicación lucrativa de sus obras. En este sentido, destaca el caso pionero de la compositora Élisabeth Jacquet de La Guerre, que era poco más joven que Corelli y ya se ganó la vida no solo como virtuosa del clavecín en la corte francesa sino también a través de la venta de sus composiciones.

Sobre estas bases de creciente profesionalización, será la generación siguiente, en plenitud entre 1720 y 1740, la que mayor impacto deje en la música europea, también por su preocupación por los aspectos teóricos del oficio.

Al mismo tiempo, el creciente reconocimiento a la composición musical como actividad intelectual, que no todos ellos disfrutaron plenamente en vida, beneficiaría a los compositores del futuro. Las figuras de Mozart, Haydn o el propio Beethoven, los tres pilares del clasicismo musical centroeuropeo, habrían sido inviables sin el sustrato aportado por estas generaciones anteriores y sin la impronta de la fama de Bach y Händel, cuya música conocían y, sobre todo, estudiaban como modelo. Todo este proceso fue crucial, no ya para la cultura europea, sino porque supuso la madurez plena de la música occidental.

Prácticamente toda la música que escuchamos se basa en el lenguaje que estos señores consolidaron.

La mejor prueba de ello se verifica con un breve recorrido musical.

Comencemos con el motete «O Magnum Mysterium», del gran Tomás Luis de Victoria. Su escucha, con oídos modernos, resulta fascinante; el cuidado de la armonía y la elegancia de las voces es sobrecogedor, como corresponde al que seguramente sea el mejor compositor nunca nacido en suelo español, venerado en el ámbito anglosajón como uno de los mejores autores de música coral de la historia. Pero en cuanto la pieza avanza un poco nos encontramos en sus acordes sonidos que, si bien nos fascinan, resultan levemente arcaicos. A mucha gente incluso le suenan «medievales», aunque Victoria falleció en 1611, un año después de Caravaggio, cuya pintura forzosamente conoció en la Roma eclesiástica en la que se movía.

Aproximadamente cuatro décadas después de la muerte del abulense, el músico Giacomo Carissimi era una de las grandes estrellas del panorama romano. Hacia 1650 compone su gran oratorio *Jephte*, que serviría de modelo musical durante décadas y cuya fama llegaría, un siglo más tarde, a la época de Bach y Händel. Si escuchamos el momento culminante de la obra, el sobrecogedor coro «Plorate, filii Israel» apreciamos en la música una mayor modernidad que la que contenía el motete de Victoria. Nos resulta algo más familiar al esquema sonoro al que nos hemos acostumbrado, pero todavía hay algo en estos sonidos que se abraza al pasado.

Comparemos esas dos escuchas con la del famosísimo coral «Jesus bleibet meine Freude» que Bach compuso en 1723, en su primer año al frente del coro de la Thomaskirche de Leipzig, como parte de su cantata «Herz und Mund und Tat und Leben» (BWV 147). Desde los primeros acordes, tanto la estructura de su melodía como su progresión armónica nos resultan familiares. Hablan en un idioma que conocemos: ese lenguaje musical que Bach, sus coetáneos y sus sucesores consolidaron hasta convertirlo en el código fuente de la música europea. Por eso esta música ha sido versionada y sampleada en numerosas ocasiones, desde el mítico *Switched-On Bach* de Wendy Carlos o el comienzo de «Lady Lynda» de los Beach Boys hasta el solo de guitarra de «Dulce introducción al caos» de Extremoduro.

Aunque la música de Bach es de una riqueza apabullante y, en ocasiones, alcanza una complejidad difícil de igualar, nunca suena ajena a una persona cuya capacidad de escucha se haya formado con la música occidental de los últimos dos siglos. Dicho de otra manera: si jamás has escuchado música barroca, pero oyes música actual a diario, la primera vez que escuches a Bach seguramente no te va a parecer demasiado extraño.

Tocado al piano, un instrumento moderno que el compositor alemán seguramente habría disfrutado, el segundo movimiento de su sonata para órgano nº4 (BWV 528) resulta de una perfecta modernidad, y serviría sin problemas como banda sonora de una película o serie. Pocos fragmentos del pasado resultan tan bellos, para oídos del presente, como el «Aria» de la suite en re mayor (BWV 1068), solicitadísimo fragmento del barroco musical que suena cada semana en miles de bodas de todo el planeta.

Pero no se trata solamente de Bach. Prácticamente cualquier pasaje que extraigamos de esa generación de compositores europeos activa en la primera mitad del siglo XVIII nos resultará perfectamente comprensible con oídos actuales. Un fragmento del drama musical *Les Boréades* de Rameau, compuesto para la entrada en escena de uno de sus personajes (Polymnie), muestra, de nuevo, un vocabulario que entendemos sin que nadie nos lo explique. Conectamos emocionalmente con estas piezas porque prácticamente toda la música que oímos comparte sus estructuras sonoras.

Esto ha facilitado que las composiciones del barroco tardío hayan gozado de una excelente fortuna discográfica en las últimas décadas. En todas las recopilaciones de música clásica popular aparecen obras de esta etapa, pero rara vez piezas anteriores a la generación de los Vivaldi, Bach y Händel. Desde las hiperfamosas «Cuatro estaciones» vivaldianas, conciertos para violín de los que nadie se acordaba hace solo un siglo y que han sido resucitados por obra y gracia de la industria discográfica, hasta el extremadamente popular «Canon de Pachelbel», compuesto por otro de los compositores más admirados por Bach y convertido en todo un meme musical.

En el primer caso, el exitoso compositor Max Richter, nacido en Hamelín, como el famoso flautista del cuento de los hermanos Grimm, ha versionado con gran éxito las estaciones vivaldianas. En una «recomposición», ha separado las piezas de estos famosos conciertos para violín y las ha ensamblado de una manera ligeramente más actual. Aunque el resultado es de un gran atractivo, y se ha convertido en todo un superventas, lo cierto es que no hay ninguna ruptura: casi todo lo que suena «moderno» en las estaciones de Richter ya estaba ahí en los originales de Vivaldi.

En cuanto a Pachelbel, este excelente compositor sufre una sofisticada condena: su obra apenas se interpreta, tanto en concierto como en grabaciones; pero una sola de sus piezas se ha convertido en la obra más famosa de todo el barroco musical y uno de los mayores éxitos de la música clásica en todo el mundo, a un nivel que solo alcanzan obras reproducidas hasta la náusea como la bagatela «Para Elisa» de Beethoven y la «Pequeña serenata nocturna» de Mozart.

Su «Canon» no solamente se ha convertido en otro de esos grandes éxitos para bodas y banquetes, sino que la particular progresión armónica de la pieza, con su bajo obstinado que repite constantemente la misma secuencia de acordes, aparece por doquier en la música pop de las últimas décadas. En 2019 Maroon 5 lanzó su exitoso tema «Memories», que actualmente es su canción más reproducida en Spotify. Parte del éxito debería de ser compartido con Pachelbel, porque se trata de una versión evidente del famoso canon, no solo en su estructura armónica, que es lo habitual, sino que incluso la melodía adapta en varios pasajes la línea de violín de la famosa pieza barroca.

Ya lo hemos visto antes. Si algo funciona bien…, cópialo.

La lista de canciones que emplean extensivamente como inspiración este superventas de Pachelbel es tan larga que cubriría ella sola un capítulo entero de este libro. Incluso tiene su propia entrada en la Wikipedia inglesa, con decenas de referencias entre las que se cuelan quienes han copiado de forma directa la pieza, como el caso citado de Maroon 5, hasta adaptaciones un poco más aderezadas, como el mítico tema disco «Go West» de Village People, luego popularizado por los Pet Shop Boys. En ambas versiones, la canción no oculta la misma estructura armónica que Pachelbel habría aprobado.

En las últimas décadas, pocos musicales han tenido el éxito de *Les Misérables*, la joya compuesta por Claude-Michel Schönberg que conquistó los teatros de medio mundo y dio el salto a las pantallas de cine. El momento más emocional de la obra es cuando una destrozada Fantine, a la que apenas le queda energía y humanidad en el cuerpo, canta con extremo dolor su miserable biografía. «I Dreamed a Dream» se ha convertido, con justicia, en una escena de referencia del teatro musical, popularizada mediáticamente cuando Susan Boyle la interpretó en el concurso de talentos británico X Factor.

Ya sea cantada en escena, o en la espeluznante versión cinematográfica, interpretada por Anne Hathaway, es difícil contener la emoción ante esta pieza. Pero la pregunta clave es si nos emocionamos porque la canción es bella o porque recurre, una vez más, a esa estructura armónica que nos resulta tan familiar, y que, de nuevo, es la misma que la del «Canon». En este caso se trata de una elaboración más trabajada, pero la estructura armónica que tanto nos emociona está ahí, para que la reconozcamos y nuestro cerebro actúe en consecuencia.

Lo dije en el primer capítulo y lo repito ahora: escuchamos una y otra vez la misma canción.

Iniciamos este capítulo con un experimento imaginario en Ciudad del Cabo y al final nos hemos dado un paseo desde las llanuras de Norteamérica hasta los escenarios del West End londinense. Pero la parada clave de este viaje está en Leipzig. Porque allí vivió y creó buena parte de su obra alguien que trasciende la historia de la música y se instala, junto a figuras como Cervantes y Miguel Ángel, como Shakespeare o Mary Shelley, en el propio ADN de la cultura occidental. Un genoma creativo que, como hemos visto hasta ahora, domina el panorama sonoro de la humanidad sin que se aprecien signos de fatiga.

Obviamente, es imposible saber qué pensaría Johann Sebastian Bach de la música actual, por lo que el subtítulo que luce en la cubierta de este libro (lo confieso) es una provocación a pensar en la historia musical de la humanidad desde otras perspectivas. Pero estoy seguro de que, independientemente de si le gustasen o no los estilos del presente, Bach se reconocería en la música de Taylor Swift y *Les Misérables*. Porque todos estos sonidos —nuestra música actual— están concebidos en el mismo lenguaje que él codificó. La misma concepción de la estructura sonora que el genio de Eisenach y otros coetáneos suyos extendieron por toda Europa y que, con la fuerza de sus apellidos ilustres, asentaron como el lenguaje musical más dominante que jamás haya existido.

Como dije al comienzo del libro, mucha gente cree que si Bach escuchase una muestra de música actual se llevaría las manos a la cabeza. Nos encanta el catastrofismo, especialmente cuando hablamos de cultura, y la mitificación del pasado siempre resulta confortable. Pero me parece evidente que si Bach escuchase «Memories» de Maroon 5 o el *Switched-On Bach* de Wendy Carlos, del que luego hablaremos, se daría cuenta de la profunda impronta dejada por su generación. Vería hasta qué punto se han consolidado los avances sonoros que él experimentó y cómo una de las artes más importantes para la humanidad se ha modelado, durante siglos, a su semejanza.

Y sí, creo que sonreiría.

6

El sonido capturado en tinta

Los cantores son, de entre todos los hombres,
los más tontos.

Guido de Arezzo

Puede que nos parezca mentira, porque vivimos en la era de la grabación sonora y las partituras musicales se han convertido en un código reconocido internacionalmente; pero hasta hace relativamente poco tiempo la música nacía condenada a perderse, ya que el único vehículo para su transmisión, de una generación a otra, era la frágil memoria humana.

Todo lo que hemos visto en los capítulos anteriores ha sido fundamental para el desarrollo intelectual de la creación musical y para el triunfo del lenguaje occidental como clave dominante en el panorama sonoro del mundo. Pero nada de este desarrollo técnico habría acontecido si no se hubiesen instalado con anterioridad las sólidas bases de la teoría musical, cuyos hitos veremos en este capítulo y los siguientes.

Este proceso implicó la construcción de unos modelos sonoros, de una metodología para el aprendizaje del arte de los sonidos y, sobre todo, de un sistema de escritura musical, que no solo facilitase la conservación y la interpretación de las piezas, sino también la reflexión intelectual en torno a ellas.

Como muchas grandes revoluciones culturales, buena parte de este proceso sucedió durante la Edad Media, ese período que todavía arrastra una inmerecida fama de oscuridad. Es por ello por lo que el estudio de la música anterior a esta etapa resulta tan complejo, ante la carencia casi absoluta de indicios sonoros.

Muchas culturas desarrolladas no consolidaron sistemas de notación musical propios que facilitasen el registro y almacenamiento de sus expresiones musicales. Por esta razón, la música del Egipto faraónico o de las grandes culturas americanas anteriores a la llegada de los europeos nos resulta prácticamente desconocida y apenas podemos reconstruirla con un puñado de indicios dispersos. Algo similar sucede con la antigua Roma, cultura que dejó un rico sustrato cultural en prácticamente todos los aspectos de la vida, pero de la que no existe evidencia de un sistema original de notación musical, lo que nos lleva a una posición francamente incómoda: sabemos que la música romana tuvo una gran influencia en los siglos posteriores, pero no tenemos mucha idea de cómo sonaba realmente.

En otros casos, como las culturas mesopotámicas o la antigua Grecia sí que hemos recuperado evidencias de escritura musical, pero su traducción no resulta sencilla. En el caso griego en particular, sabemos que su notación era alfabética, de un modo parecido al sistema anglosajón actual que emplea las primeras letras del alfabeto como denominación de las notas de la escala. Sobre esas letras, cuyos grafos en griego representaban la altura de los sonidos, se añadían una serie de signos adicionales que indicaban los adornos y variaciones que debían de ejecutarse con la voz. Otro conjunto de símbolos, a su vez, servía de directriz específica para la interpretación instrumental de las mismas melodías.

En apariencia, tenemos mucha información, pero en la práctica la interpretación de la antigua música griega resulta frustrante. Por una parte, su notación no aclara demasiado los patrones rítmicos, que la moderna investigación reconstruye a partir de los textos. De hecho, tenemos las letras de muchas canciones, pero nos falta la totalidad de la música, un problema que afecta a una de las «cantautoras» más importantes de la historia: Safo de Lesbos produjo una obra cantada tan notable y abundante como para que Platón la considerase «la décima musa», pero las melodías que entonaba, acompañándose de la lira, se han perdido.

Otro problema importante en la recuperación de esa música estriba en que no conservamos un corpus de escritos musicales lo bastante extenso como para una reconstrucción totalmente fiable. Dicho de otro modo, tenemos pocas partituras y las pocas que tenemos, muchas veces, son fragmentarias. Cuando se intenta una reconstrucción sonora, resultan bastante insulsas, lo que supone una contradicción con comentarios de autores griegos sobre la excitante música de su tiempo, como los que veremos más adelante. En todo caso, el trabajo de investigadores como Petros Tabouris, que también emplea las tradiciones folklóricas mediterráneas supervivientes como fuente de inspiración, resulta evocador de cómo sonaría esa música, aunque no ofrezca certezas plenas.

Hemos perdido la práctica totalidad de la producción sonora de muchas culturas de gran impronta en la historia de la humanidad, y nuestras expectativas de recuperación de esas músicas son escasas. Por eso resulta admirable el hecho de que, desde el siglo X en adelante, en Europa se desarrollase progresivamente un sistema de notación musical que, en la actualidad, es el parámetro internacional para la mayoría de las expresiones sonoras.

La notación occidental se gestó, como muchos sistemas de escritura musical, como apoyo a la memoria y en contextos eminentemente religiosos. Durante la Alta Edad Media surgieron una serie de símbolos que se anotaban sobre textos litúrgicos para indicar la melodía del canto. Este código escrito no era exacto, no representaba de manera precisa ni la altura ni la duración del sonido. Simplemente era un recuerdo de la dirección de la línea melódica, como un aviso a ejecutantes que habían memorizado las piezas previamente o, por lo menos, conocían los aspectos generales de la melodía. Este tipo de signos todavía perviven en el rito ortodoxo, que ha servido como cápsula del tiempo para la comprensión de estos primeros sistemas de escritura musical.

Con el tiempo la notación evolucionaría a medida que la música litúrgica ganaba en complejidad.

Para la mayoría de los teólogos medievales cristianos, el canto era un instrumento auxiliar de la oración, como lo había sido en muchos otros sistemas religiosos anteriores. A medida que avanzaba la Edad Media, los principales centros religiosos de Europa, como Roma, Milán, Toledo o Braga desarrollaron liturgias diferentes, que condujeron también al establecimiento de sistemas de canto propios, cada vez más complicados. Esto supuso que, progresivamente, el canto abandonase su naturaleza congregacional y se limitase su ejecución a coros cada vez más capacitados técnicamente.

A lo largo de buena parte de la Edad Media esto significó una preocupación creciente en el seno de la Iglesia por la formación musical del clero. Pruebas de ello aparecen de manera insistente en los tratados teóricos musicales de todo el periodo, y en anécdotas como la petición de Carlomagno, que solicitó el envío a Metz de dos cantores expertos que instruyesen en una correcta ejecución del canto litúrgico a los sacerdotes de toda la región.

Como parte de ese esfuerzo didáctico, la música eclesiástica caminó progresivamente hacia una estandarización. Donde antes servían pequeñas marcas sobre el texto que recordaban la dirección de la melodía, se incorporaron líneas que aportaban una orientación más precisa de las alturas relativas de las notas. Este camino, que desembocaría siglos después en el pentagrama que hoy reconocemos en todo el mundo, se recorrió lentamente: en un primer momento se introdujeron solamente dos líneas y, tiempo después se ampliarían a cuatro, que todavía tardarían unos siglos en convertirse en cinco.

El sistema de cuatro líneas fue una de las grandes aportaciones de un monje benedictino italiano al que le debemos la implantación del lenguaje básico de la música. Se llamaba Guido y había nacido en la localidad toscana de Arezzo a finales del siglo x. Preocupado por la estandarización del aprendizaje musical, Guido desarrolló no solo el tetragrama sobre el que se escribirían las notas, sino que bautizó todos los sonidos de la escala con el nombre que todavía empleamos.

Para ello se valió de un truco memorístico: tomó un himno dedicado a San Juan Bautista que, según la tradición, había sido escrito por Pablo el Diácono en el siglo viii. Como cada verso del himno empezaba en una nota sucesiva de la escala, empleó la primera sílaba cantada de cada uno como nombre para cada una de las seis notas de la escala.

Ut queant laxis
Resonare fibris
Mira gestorum
Famuli tuorum
Solve polluti
Labii reatum

Así fue como Guido de Arezzo se inventó la escala musical, al tiempo que desarrollaba un sistema de fijación de relación entre nombres y sonidos de las notas parecido al que usa Julie Andrews en la película *Sonrisas y lágrimas*. Este sistema facilitó la enseñanza y el aprendizaje de la música, ya que facilitaba la identificación y entonación de la escala. Los nombres guidonianos para las notas eran «ut-re-mi-fa-sol-la», porque el si todavía no había entrado en juego. No sería hasta el siglo XVII cuando se decidiese la sustitución de ut por do, que a todas luces se canta con mayor comodidad que una sílaba terminada en consonante. Pero, en todo caso, ahí estaba nuestra querida escala musical.

Gracias a Guido, el bautismo de las notas combinado con el uso del tetragrama hizo que la transmisión oral dejase de ser indispensable. La enseñanza musical se aceleró y los manuscritos pasaron a ser legibles con un sistema estandarizado y que se aprendía de una manera relativamente sencilla. Pero, como se aprecia en la cita que encabeza este capítulo, nuestro buen monje benedictino no confiaba demasiado en la inteligencia de los cantores. Esta desconfianza llevó a Guido al desarrollo de un nuevo sistema mnemotécnico que denominamos la mano guidoniana.

Consistía en el uso de la palma de la mano como una especie de mapa visual de todas las notas (ver imagen 9). De esta manera, el maestro señalaba una parte de su mano y los aprendices contestaban con la nota que estaba asociada a ese punto. Como sabe cualquier persona que haya cantado el clásico infantil «Soy una taza», pocas cosas refuerzan la memoria con tanta intensidad como la asociación entre música y gesto, explotada a lo largo y ancho de la historia de la educación. Aunque hoy la mano guidoniana nos resulta complicada en sí misma, ofreció un punto de apoyo para el aprendizaje del canto en una época en la que la formación musical resultaba enigmática para una gran mayoría de la población.

Los métodos de Guido, y de otros músicos de su tiempo, supusieron una aceleración de la práctica musical. Se creaban composiciones cada vez más complejas, de manera que ya no era suficiente con la anotación de la altura de las notas, sino que se necesitaba un sistema que también registrase la duración de las mismas. Fue en la escuela de Notre Dame de París donde vio la luz lo que llamamos notación mensural, que se desarrollaría con mayor detalle a partir del siglo XIII. Hacia 1250 un teórico conocido como Franco de Colonia propuso la primera escritura musical que recuerda a la actual, en la que las notas adoptan formas diferentes que indican distintas duraciones.

El sonido del canto ya podía capturarse en tinta, sobre un folio de pergamino. El avance que esto supuso va mucho más lejos del apoyo a la interpretación. Las partituras no solo son un recurso memorístico, sino que el trabajo «sobre el papel» permite un nivel de experimentación sonora que resulta difícil sin el auxilio del soporte escrito.

Como respuesta a estos progresivos avances, la música europea se volvió progresivamente más compleja. Los templos más destacados del continente, como París o Santiago de Compostela, contrataban a músicos cada vez más capacitados y encargaban piezas más ambiciosas que embelleciesen su liturgia y proporcionasen a fieles y foráneos un verdadero espectáculo sonoro único cuando asistían a los oficios solemnes.

Así se entienden los atrevimientos sonoros contenidos en la música del Códice Calixtino de la catedral compostelana o las composiciones de los músicos más destacados de la citada escuela de Notre Dame. Los ensayos con la polifonía, en piezas en las que sonaban varias voces de manera armónica al mismo tiempo, seguramente habrían tenido lugar antes de que se registrasen por escrito estas innovaciones. Para muchos fieles que entraban en las catedrales de Santiago y París estas piezas eran los productos sonoros más sofisticados que nunca hubiesen escuchado.

El himno «Congaudeant catholici» atribuido en el Calixtino al maestro Alberto de París, tiene el valor histórico de ser la primera pieza polifónica a tres voces de la que se tiene constancia escrita en toda Europa. Seguramente concebida en un primer momento como un canto a dos voces, en el manuscrito compostelano se aprecia con claridad la adición posterior de una tercera, un gesto aparentemente sencillo que supone un hito en la historia de la música.

Desde entonces, primero en Europa y luego en todo el mundo, la música será polifónica o no será. Hemos comentado hasta ahora la importancia de los patrones armónicos en la música que creamos y escuchamos, desde hace siglos. Fue un logro de la Edad Media el desarrollo del soporte técnico necesario para toda esa evolución posterior.

Un verdadero salto hacia el futuro que cambiaría, incluso, la manera en la que la música es pensada.

7

Platón contra el reguetón

El filósofo ateniense Platón es, sin ninguna duda, una de las figuras más relevantes de la historia (ver imagen 10). Discípulo de Sócrates y maestro de Aristóteles, su pensamiento empapa toda la historia de Occidente y ha sido materia de estudio durante siglos. Como expresión de sus conceptos, concibió algunas de las metáforas más transmitidas de todos los tiempos, como el mito de la caverna, y desarrolló un sistema filosófico que ha influido en la humanidad durante más de dos mil años.

Y, además de todo eso, Platón era el típico señor cascarrabias que odia la música moderna.

Es posible que esta parte de la biografía del famoso filósofo no te suene demasiado, porque en la escuela le damos muy poca importancia a la formación musical en general y, en particular, cualquier conexión del arte sonoro con otras disciplinas académicas es prácticamente invisible en el currículo educativo. Pero este pensamiento suyo no es una simple anécdota. Entre los muchos autores del pasado que eran conscientes de la importancia de la música para el ser humano, Platón seguramente destaca por la trascendencia e influencia de su pensamiento, que, como veremos, todavía está muy vigente en la actualidad.

Para ser honestos, lo cierto es que la postura platónica hacia la música resulta ambigua e incluso, en ocasiones, parece contradictoria, si la evaluamos a la luz de los textos que se han conservado. En algunos pasajes, alarmado por la enorme influencia que determinados tonos musicales tienen sobre las emociones humanas, coquetea incluso con la idea de la prohibición de toda la música, mientras que en otros momentos reconoce los importantes valores que las canciones y la danza transmiten en la educación de la infancia. Lo que realmente le preocupaba es lo que podríamos llamar, con una expresión ciertamente melodramática, «el poder de la música». Que no es otra cosa que el bien conocido fenómeno que experimentamos cuando, tras una mala jornada de trabajo, nos ponemos un tema que nos levanta el ánimo, o, después de una ruptura sentimental, nos encerramos con esas canciones que siempre nos mueven al llanto.

Ese poco interés hacia la música en la escuela actual que he mencionado resulta especialmente llamativo si consideramos la gran preocupación que ha despertado a lo largo de la historia la repercusión de este arte en la educación de las personas. El propio Platón consideraba digna de elogio, y por tanto adecuada para la juventud, la música que sostenía aquellos valores asociados al civismo y que fomentaba el orden social establecido. Por el contrario, en el otro plato de la balanza colocaba las canciones que a través de sus armonías y ritmos fomentaban emociones turbulentas e incitaban a las personas a un comportamiento indecoroso.

Imaginemos, por un momento, qué habría opinado del reguetón…

Dentro de esos comportamientos censurables, Platón cargaba las tintas especialmente contra los tonos que promovían el llanto, ya que provocaban preocupantes alteraciones emocionales, que no resultaban adecuadas. Los lamentos musicales fueron vistos de manera muy negativa durante la Antigüedad clásica y, para sorpresa de nadie, esta negatividad se relacionaba con lo «femenino». Como explica Ted Gioia, en diferentes rituales los cánticos lastimeros se consideraban una especialidad de las mujeres, que canalizaban y exponían a través de ellos una serie de sentimientos vetados por las convenciones sociales y que, desde luego, no debían mostrarse en público.

Un prejuicio de estas características no es una cuestión menor. No se trata de un comentario aislado de un oscuro personaje histórico, perdido en medio de un texto poco conocido. La influencia platónica en la historia de Occidente es larga y profunda, lo que provocará que esta censura musical, leída y releída en diferentes épocas, se mantenga vigente durante siglos. Seguro que Platón no era la única persona importante de su época que pensaba de este modo, pero su voz tuvo una influencia muy superior a la de cualquier otra.

Tiempo después, el retórico hispano-romano Quintiliano anhelaba tiempos pasados, en los que supuestamente se interpretaba una música más viril, frente a la de su propia época, que consideraba lasciva y afeminada. Abonado a este mismo pensamiento, que bien podría parapetarse bajo el lema *Make Roman Music Great Again*, Cicerón —que nunca destacó por ser el tipo más divertido del foro— criticó también los excesos en la música y el canto, pues consideraba que afeminaba al hombre y debilitaba el carácter cívico; demasiada afición a la música destruía la dignidad del ciudadano. Dada la inmensa influencia de la cultura clásica en el sustrato cultural occidental, todos estos clichés se mantuvieron vigentes en la música europea hasta bien entrada la Edad Media, cuando, como hemos visto, las grandes innovaciones del canto polifónico dibujaron un nuevo panorama en el que el lamento musical resultaba más aceptable.

Antes de que le pongamos la cruz a Platón como un señor anticuado y retrógrado, es necesario que entendamos que su perspectiva era la de alguien preocupado por la política pública y las repercusiones directas que el arte provocaba en la sociedad. Por ese motivo, nunca destacó como un gran defensor de la libertad creativa, en ninguna de las artes, sino que se decantaba, al menos públicamente, por el seguimiento de un canon ordenado. Es posible que este tipo de visión artística, en la que se separan una serie de obras como dignas de mérito, alabanza y estudio para que funcionen como modelo a imitar, te suene más.

Como el arte de los sonidos provoca unas reacciones sensoriales y emocionales mayores y más intensas que el resto de las disciplinas creativas, Platón vinculaba la música con su idea de estado, con conceptos como el equilibrio, el orden y la justicia. Por ello proponía una regulación estricta de la misma, que contribuyese a una armonía social frente a la amenaza del caos y la anarquía, representada por ciertos tonos y ritmos indeseables.

En nuestra época, como ya hemos visto, gozamos de un gran acceso a la música, y quizás por ello miramos con cierta indulgencia este tipo de expresiones del pasado. Pero una lectura retrospectiva de los capítulos anteriores de este libro pone de manifiesto dos cosas: en primer lugar, que Platón no estaba ni mucho menos equivocado con respecto a la capacidad de influencia del arte de los sonidos en el ser humano; en segundo lugar, que sobran los momentos históricos en los que otras personas pensaron como él y obraron en consecuencia. Recordemos la industria discográfica que suavizaba las innovaciones del jazz porque las consideraba indecorosas para la audiencia mayoritaria a la que se dirigía; la misma industria que acepta las innovaciones musicales solo en píldoras fácilmente asimilables. En último término, el propio concepto de música clásica, donde un panteón de héroes de hace siglos, elevados a los altares, ve cómo sus obras son interpretadas de manera casi religiosa, como expresión de que la civilización occidental se mantiene, no está muy alejado de la visión platónica y podemos considerarlo su consecuencia última.

La prueba de que Platón no estaba tan equivocado es que pocos años antes que él, pero a miles de kilómetros de distancia, Confucio pensaba de una manera sorprendentemente parecida (ver imagen 11). En las *Analectas*, señala ciertas músicas como lascivas y corruptoras y concluye que no deben ser tocadas porque la música juega un papel esencial en la formación moral del individuo y en la armonía social. Criticaba expresamente los ritmos agresivos y aquellas melodías excesivamente emocionales, porque consideraba, como luego lo haría Platón, que desestabilizaban las pasiones y fomentaban el desorden.

Por contraposición, Confucio abogaba por la música *yayue*, que significa literalmente «música refinada». Este género musical, solemne y pausado, era utilizado en la corte imperial y en los rituales de los templos y acompañaba los sacrificios religiosos y los banquetes de estado. Su estilo era sobrio, su cadencia era lenta e inducía a un estado de calma y reflexión. La danza que acompañaba a este tipo de música estaba estrictamente codificada, de modo que el conjunto no buscaba un ligero entretenimiento, sino la elevación del espíritu. Una suerte de «música clásica», pero muchos siglos antes de que, en otro continente, este concepto viese la luz.

A pesar de la distancia geográfica entre ambos, Confucio y Platón coincidían en las líneas maestras de su pensamiento musical por idénticas razones de orden ético y social. Ambos se encontraron con un panorama previo relativamente carente de reglas aplicables a la práctica de los sonidos y ambos produjeron una doctrina escrita y perfectamente estructurada al respecto, con una inmensa capacidad de influencia.

Que estos dos gigantes del pensamiento, quizás las dos mentes más influyentes de la historia como guías del comportamiento humano, viesen la música en términos tan parecidos ha tenido una repercusión que no vemos fácilmente, porque está por todas partes y hemos crecido con ella.

Su afán regulador también es fruto de un tiempo concreto en el que los avances musicales se habían revolucionado. Como hemos comprobado hasta ahora en este libro, el acelerador de la historia musical a veces se pisa hasta el fondo y, en semejantes contextos de cambio, surgen voces que reclaman la preservación de cierto orden. Tanto Platón como Confucio vivieron cómo la música de sus respectivas culturas experimentaba grandes innovaciones, que ellos contribuyeron a codificar.

No sabemos en qué momento exacto nació la música, un hallazgo anónimo de importancia capital para nuestra especie, del que hablaremos en un par de capítulos. Pero la obra de estos filósofos nos señala cuándo fue lo bastante relevante como para considerarla un riesgo social. Esto no habría ocurrido sin ciertos avances, asociados a una verdadera revolución científica, que dieron lugar a la música tal y como la conocemos.

Sin ellos, como veremos a continuación, la obra de Bach sería un imposible y, como ella, prácticamente toda la arquitectura de la música mundial habría sido muy diferente.

8

Todo es número

La música es un ejercicio inconsciente de aritmética, donde la mente no se da cuenta de que está contando.

GOTTFRIED WILHELM LEIBNIZ

Cuando se alcanza una íntima comprensión científica de un fenómeno se abre la puerta a la verdadera innovación. Y esto fue lo que ocurrió en el mundo antiguo cuando las investigaciones pitagóricas dieron estructura por primera vez a la música y, con ello, cambiaron el mundo para siempre.

Como punto de partida, dejemos claro que la música y las matemáticas, aunque parezcan distantes, han compartido una raíz numérica al menos desde la antigua Grecia. Por esta razón, no resulta exagerado afirmar que el músico más importante de la historia, al menos en Occidente, fue Pitágoras de Samos. Aunque la impronta que más se le reconoce en la cultura mundial es su legado filosófico, que, a través de su influencia en Platón y Aristóteles ha impactado en todo el pensamiento posterior, una parte igual de importante para la humanidad fue su demostración de los fundamentos numéricos del sonido. Su idea de que la armonía musical se explica a través de un sistema de proporciones matemáticas supuso una auténtica convulsión y, desde hace 2.500 años, ha estado en el centro de toda teoría musical. De ahí procede la cita de Leibniz recogida al principio de este capítulo.

Como todos los descubrimientos importantes que tuvieron lugar en la antigua Grecia, el gran hallazgo pitagórico nos ha sido narrado con abundantes dosis de *storytelling* en la famosa leyenda de los martillos de Pitágoras, recogida durante siglos por teóricos como Boecio (ca. 480-524) o Franchino Gaffurio (145-1522). Según esta tradición, Pitágoras llevaba un tiempo detrás de la cuestión de la consonancia musical, que entendía que tenía que obedecer a algún principio racional. Su particular eureka lo tuvo delante de una herrería en la que apreció, mientras trabajaban el metal, que los golpes de los martillazos a veces resultaban disonantes y otras perfectamente armónicos. El estudio de las herramientas empleadas en la herrería le llevó a la comprensión de que la proporción entre los pesos de los diferentes martillos era la que determinaba cuándo sonaban bien juntos (ver imagen 12).

Esta anécdota, que ya se difundía al poco de la muerte de Pitágoras, es manifiestamente falsa. Las proporciones entre los pesos que se describen en la historia no encajan con la física del sonido, que la ciencia ha verificado. Pero, a pesar de su falta de rigor, esta narración ha cumplido su función divulgativa durante más de dos milenios, ya que nos explica que Pitágoras se interesó por la proporción matemática entre aquellos sonidos que suenan bien juntos. Una proporción que probablemente hayamos experimentado, aunque sea de manera muy rústica, si alguna vez hemos tenido una pequeña goma elástica en las manos.

Cuando tensamos entre los dedos una de esas gomas de papelería y luego, con la otra mano, las pulsamos como si fuesen las cuerdas de una guitarra, notamos intuitivamente que cuanto más se tensa la goma más aguda vibra. Un principio por el que ya pasamos en el pequeño inciso técnico que hicimos cuando hablamos de hercios y vibración en el capítulo sobre el sistema temperado. Con este pequeño juego de manos, reproducimos en cierto modo, y sin saberlo, el experimento real con el que Pitágoras revolucionó la comprensión del sonido y la historia de la música.

En sus probaturas con cuerdas tensadas, el filósofo de Samos descubrió que si dividía una cuerda a la mitad de su longitud la forzaba a vibrar más rápido y, de este modo, sonaba justamente una octava más alta. Con ello determinó que la relación matemática 2:1 era la que definía este intervalo sonoro, del que ya hemos hablado. Continuó sus experimentos con otras proporciones en los largos de las cuerdas y así definió la razón matemática de los otros dos intervalos clave de la música occidental: la quinta justa y la cuarta justa.

Pero Pitágoras no era solo un matemático o un teórico de la música. Como muchas de esas personas a las que hoy vemos como venerables filósofos de barbas blancas y túnicas clásicas, era también un místico, que buscaba la conexión cósmica de sus hallazgos. Intuitivamente, se anticipó a la idea de que el universo es expresable con principios numéricos y esta prueba musical era, por tanto, una parte de su visión del cosmos. Con ella justificaba la llamada «armonía de las esferas», una concepción teórica según la cual los planetas y cuerpos celestes se mueven según relaciones numéricas semejantes a las de los intervalos musicales.

Estas relaciones de números, que para Pitágoras y sus seguidores eran un reflejo de las leyes del universo, se convirtieron en los pilares de la teoría musical pitagórica y generaron su propio sistema de afinación y su propia escala, que fueron dominantes durante siglos, hasta que se desarrollaron otras innovaciones como el propio sistema temperado. Durante la Edad Media y el Renacimiento, el pensamiento pitagórico sobre la música fue tan influyente que en los sistemas educativos medievales la música era considerada una ciencia matemática, no solo una expresión artística. Algo que también sucedía en el mundo islámico, donde la música se encuadra dentro de las matemáticas en la obra de autores como Al-Farabi y Avicena, profundamente influida por el pensamiento griego.

Los debates técnicos sobre el sonido en los que, siglos después, participó Bach fueron una consecuencia última de este punto de vista, que también justificaba el empleo de la música para orar y alabar a Dios, aunque algunos teólogos pusiesen limitaciones a este uso.

Basado en esas razones matemáticas simples, el sistema musical que se originó con Pitágoras dio lugar a lo que hoy llamamos escala pitagórica, construida enteramente a partir de intervalos de quintas justas. Esta escala producía sonidos consonantes, pero tenía algunas limitaciones. Una de ellas, a estas alturas del libro, seguramente nos suene: debido a que la estructura matemática propuesta no era perfectamente cerrada, no era posible la creación de escalas perfectamente afinadas en todas las tonalidades. La solución a esta cuestión es otra historia, que ya hemos visto en su lugar.

Desde el punto de vista pitagórico, luego transmitido durante siglos por innumerables tratados teóricos, las proporciones numéricas no solo explicaban la diferencia de altura entre los sonidos, sino que también expresan la razón íntima por la que la música nos conmueve. Con este planteamiento, la belleza de una melodía no es algo meramente subjetivo, sino que yace escrita en el lenguaje de los números que sostienen la relación entre cada una de sus notas.

Esto ha provocado multitud de discusiones, de todo signo. Debates como el de Platón, que ya hemos visto, cuando repudiaba los tonos que provocaban preocupantes alteraciones emocionales, pero también cuestionamientos sobre el uso de diferentes armonías o escalas que sugieren determinados sentimientos. En último término, esta concepción pitagórica supone el nacimiento de una primera estandarización musical, un proceso que ocupa buena parte del libro, ya que establece una serie de reglas matemáticas básicas que sujetan la práctica musical a los principios objetivos de la física.

Aunque esta solución pitagórica posiblemente sea la que más capacidad de influencia ha tenido en la determinación matemática de la música, Pitágoras no fue el único ser humano en el mundo que descubrió los principios físicos del sonido. Lo que pasa es que, en otros continentes, y otras culturas, las respuestas a la naturaleza matemática de la música, cuando se descubría, fueron diversas.

En el capítulo anterior hemos visto cómo Platón y Confucio, separados por miles de kilómetros entre sí, se encontraron en situaciones muy similares en cuanto a su relación con la música. Por tanto, no debería de sorprendernos que en China se hubiese alcanzado un sistema matemático similar al pitagórico, constatación como aquel de la realidad física de las notas musicales.

Como veremos en el próximo capítulo, el nacimiento de esta estructura se pierde en los orígenes milenarios de la cultura china. Pero nos interesa ahora que ese proceso se dio en el corazón de Asia con milenios de antelación con respecto a los descubrimientos pitagóricos. Tiempo suficiente para que, durante siglos, el sistema se extendiese por buena parte del continente. Pero también, un margen lo bastante amplio como para que la realidad de esos sistemas sonoros se contagiase hacia Occidente. Quién sabe: quizás las ideas de Pitágoras recibieron influencias de culturas procedentes de Oriente, como sucedió con múltiples rasgos culturales del Mediterráneo.

La música clásica india, por su parte, posiblemente sea el sistema sonoro no occidental en el cual la relación entre música y matemáticas es más explícita y está más desarrollada. Alcanza un nivel de complejidad numérica que, a ojos occidentales, resulta apabullante, como corresponde a un subcontinente que ha sido epicentro del saber numérico durante milenios.

Tanto la tanto música indostaní como la carnática se sostienen en estrictos sistemas numéricos, que en su caso no solo definen la altura del sonido, sino que afectan de manera profunda a la estructura rítmica. El sistema se basa en ciclos métricos «talas», similares al pulso de la música occidental. Estos ciclos se subdividen en agrupaciones matemáticas que pueden ser simétricas o asimétricas. En algunos talas los patrones son tan matemáticos que requieren de cálculos exactos para su correcto encaje dentro del ciclo métrico.

Esta complejidad matemática vinculada a lo rítmico aparece también en muchas tradiciones de África occidental, como las de los yoruba y los asantes. En países modernos como Nigeria y Ghana la música popular todavía preserva algunos de esos rasgos de complejidad matemática, a pesar de la influencia cultural islámica y occidental, y se expresan especialmente en la polirritmia de muchas de sus danzas. La interpretación de ritmos diferentes que se ejecutan de forma simultánea, de manera que los distintos ciclos temporales colisionan, es una expresión de esta compleja estructura matemática.

La reducción matemática de la creación sonora también ha dado lugar a interesantes experimentos radicales, que parten tanto de la concepción pitagórica como de otras tradiciones matemáticas. Iannis Xenakis, compositor rumano de ascendencia griega y pionero de la música electrónica, llevó las bases matemáticas de la música a un rigor extremo, a través del uso de ecuaciones diferenciales y estructuras numéricas para la composición de obras musicales. Así creó su pieza «Herma», de 1961, una obra para piano en la que Xenakis trabaja con ecuaciones de álgebra booleana como fuente generadora de la música, un protocolo compositivo que seguramente habría interesado a Pitágoras. El resultado sonoro fue descrito por la pianista y compositora galesa Susan Bradshaw como «la pieza para piano más difícil jamás escrita».

En el fondo, el pensamiento pitagórico, intuitivamente, exploró las relaciones entre el sonido y la respuesta neurológica que la música provoca. Un campo en el que la moderna ciencia todavía tiene mucho recorrido. En el momento en que escribo este libro, la humanidad se ha asomado a la creación de las inteligencias artificiales generativas que, en su funcionamiento, son otra expresión de que Pitágoras no iba tan desencaminado.

Su influencia, en todo caso, no solamente se debe al hecho de que su pensamiento musical fue el estándar de referencia durante siglos. La música pitagórica fue uno de los primeros sistemas coherentes de ordenación del arte sonoro. Llegó a un mundo en el que la música todavía era joven y carecía prácticamente de reglas.

Desde Pitágoras en adelante, todo es orden. Antes de su época, nos sumergimos en los orígenes últimos de la música. Un tiempo tan remoto que apenas nos ha dejado indicios que se pierden en los confines del tiempo humano.

9

En busca de la música

Cuenta la leyenda que la música de la antigua China fue fundada por Ling Lun.

Según el mito, este hombre fue el primer funcionario a cargo de la organización musical del imperio, una especie de ministro de los sonidos, hace alrededor de 4.700 años. El emperador Huangdi, uno de los llamados Cinco Emperadores y padre mítico de la civilización china, envió a Ling Lun hacia Occidente, con la misión de recopilar instrumentos musicales y traerlos a China (ver imagen 13). Durante este viaje legendario, el mítico héroe creó las flautas de bambú, con las cuales imitaba el sonido de las aves. Suya sería también la invención de las cinco notas de la música tradicional china, que fueron codificadas por el emperador con la fundición de cinco campanas de bronce afinadas en cada tono, un pasaje del mito que traza interesantes coincidencias entre los orígenes de la escala china y la tradición europea.

Aunque nadie sabe exactamente en qué momento los seres humanos inventamos la música, parece lógico que las primeras fuentes de inspiración sonora siempre han estado a nuestro alrededor, en los animales y el paisaje natural. Historias similares a la de Ling Lun se reproducen en la mayoría de las tradiciones culturales posteriores, en todos los continentes, con los pájaros como grandes protagonistas, gracias a su característica habilidad canora.

Como ya hemos visto, la música es la hermana pobre dentro de las artes a la hora de ser estudiada en retrospectiva, sobre todo a causa de su naturaleza efímera. La inmensa mayoría de los sonidos musicales producidos por el ser humano —por no decir la práctica totalidad— han desaparecido para siempre sin dejar el menor rastro. La poca música de la que tenemos una memoria rastreable es la que guardamos en los registros sonoros del último siglo y medio, la que se encuentra codificada en diferentes tipos de escritura musical y la que, a duras penas, reconstruimos hipotéticamente a partir de descripciones textuales del pasado. La suma total de todos estos factores es abrumadoramente parcial, abarca un rango temporal muy escaso y privilegia notablemente a Occidente a partir del desarrollo de la notación musical.

Del resto de la música que la humanidad ha creado a lo largo de la historia solo tenemos vagas suposiciones o absoluto silencio. Como analizaremos en la segunda parte de este libro, la música acompaña situaciones y tareas humanas de lo más variado y forma parte indisoluble de nuestra naturaleza intelectual, pero, hasta hace poco tiempo, hemos fracasado en su preservación. Podría decirse que la desmemoria musical es la mayor catástrofe cultural de la historia.

Ya hemos mencionado anteriormente la importancia tanto del registro sonoro como de la escritura musical para que la tradición europea occidental haya colonizado prácticamente todo el mundo en los últimos siglos. La reconstrucción hipotética de los orígenes de la música es una de las disciplinas más apasionantes, pero, al mismo tiempo, se mueve constantemente en territorios desconocidos y plantea muchas más hipótesis que certezas, precisamente por la carencia de registros.

No obstante, podemos tener una seguridad prácticamente absoluta de que las personas cantamos y bailamos desde hace muchos miles de años como medio de comunicación, como forma de entrenamiento de nuestra propia coordinación o como un medio expresivo.

Los profesionales de la historia lidiamos siempre de forma cuidadosa con los mitos, como el de Ling Lun, porque la experiencia nos dice que tras ellos muchas veces se encuentran retazos de ciertos sucesos del pasado que no han quedado registrados en las fuentes históricas. Que muchos de los mitos fundacionales de la música, en diferentes culturas, hablen de la invención de la flauta como instrumento resulta fascinante si tenemos en cuenta que las primeras huellas arqueológicas indudables de la existencia de la música están relacionadas precisamente con esta familia de instrumentos.

En 2012, especialistas de las universidades de Oxford y Tübingen confirmaron una antigüedad de cerca de 40.000 años para tres flautas confeccionadas con huesos de animales encontradas en la cueva alemana de Geissenklösterle, un valioso yacimiento prehistórico reconocido como patrimonio mundial por la Unesco en 2017 (ver imagen 14). Estos instrumentos, uno de los cuales está tallado en marfil de mamut, se consideran en la actualidad el primer indicio científicamente aceptado de actividad musical. Por si esto fuese poco fascinante, el estudio de los orificios practicados en las flautas sugiere unas distancias entre los tonos que el instrumento emitía parecidas a las que usamos en la actualidad.

Hallazgos de este tipo abren un abanico de hipótesis francamente emocionante. No solo introducen la música como un elemento consustancial al proceso de hominización, parejo cronológicamente a la aparición de otras expresiones artísticas, sino que sugieren que nuestro oído y el de nuestros ancestros presentan ciertas afinidades a la hora de encontrar determinados sonidos como agradables.

Pero las conexiones del presente con la prehistoria musical no terminan aquí.

En los últimos años, distintos avances de la arqueoacústica apuntan a la posibilidad de que los primeros seres humanos ya aprovechaban las condiciones de las cuevas y abrigos rocosos de forma que generasen inmensas cajas de resonancia. Estudios desarrollados en algunas de los enclaves prehistóricos más destacados del arte rupestre mundial, como Lascaux, Niaux y Altamira, sugieren una correlación entre una mayor densidad decorativa de las pinturas y un mejor rendimiento acústico del espacio. Esto indicaría algo sorprendente: que los lugares que mejor sonaban de las cuevas eran deliberadamente elegidos para pintar en sus paredes, lo que nos demostraría que la buena acústica de aquellos espacios era clave para las actividades que se desarrollaban en ellos.

También se ha comprobado que el golpeo directo en distintos puntos de las paredes de estas formaciones geológicas genera tonos específicos, amplificados por el eco del lugar, como si la cueva fuese un gigantesco instrumento de percusión. Es posible que fuesen precisamente estas cualidades sonoras las que determinasen la elección de estos lugares para actividades rituales, que también tendrían conexiones con su decoración pictórica.

En definitiva, las investigaciones proponen que los seres humanos utilizamos los sonidos de una forma no muy diferente al resto de animales que nos rodean. De este modo, habríamos usado tonos, ritmos y músicas como medio de comunicación, pero también desarrollamos una especial atención a los sonidos como parte de nuestra percepción del entorno, con el aprovechamiento de todo cuanto nos ofrece la propia naturaleza.

La vida humana es rítmica, desde el latido del corazón a la cadencia de nuestros pasos. Los biorritmos marcan, en cierto modo, el compás de todo lo que hacemos. Poseemos un organismo perfectamente capacitado para generar diferentes sonidos musicales, incluso sin la intermediación de ningún instrumento, ya sea con la voz o a través de la percusión, que practicamos sobre nuestra propia piel o golpeando objetos.

Esta disponibilidad inmediata del cuerpo humano como el instrumento musical más versátil, sumada a la diversidad de funciones en las que la música nos resulta útil, y que exploraremos a continuación, en la segunda parte de este libro, nos lleva a una hipótesis tan indemostrable como sugerente: la música pudo ser el primer arte que creamos como tal.

Es posible que en aquel pasado remoto orientásemos a la comunidad con la emisión de distintos sonidos durante las travesías; tal vez organizábamos los trabajos colectivos, tan necesarios para la supervivencia, a través de cánticos grupales; y resulta verosímil que los bebés, entonces, como ahora, calmasen su llanto con un dulce canturreo.

La música omnipresente que hoy habita los auriculares antes nacía de nuestra garganta, nuestros pies y nuestras manos. No sabemos cómo sonaba, y seguramente nunca lo sepamos. Tampoco localizaremos el momento exacto en que «nació» esta habilidad de nuestra especie, pero probablemente fue tan importante para los primeros seres humanos como la caza o el fuego.

Siempre hemos sido animales musicales. Y eso lo explica todo.

SEGUNDA PARTE

10

El latido omnipresente

Decía Friedrich Nietzsche que la vida, sin música, sería un error.

Recupero esta frase, en primer lugar, porque no hay libro que se precie que no cite a Nietzsche y considero que ya era hora de que apareciese en estas páginas. Pero también porque la cita en cuestión expresa algo que todas las personas hemos sentido en algún momento. Tenga mayor o menor presencia, la música es una constante de nuestra vida y se adapta admirablemente, como acompañamiento necesario, a la mayoría de las circunstancias humanas.

A partir del primer latido de un corazón, que no es otra cosa que un ritmo que pone compás a la existencia, la música acompaña todo tipo de acciones y situaciones, resalta toda clase de episodios vitales y se hace significativa en muchos capítulos señalados de nuestra biografía. De bebés nos dormimos con una nana y en la vida adulta nos relajamos con nuestras canciones preferidas tras una situación de tensión. Desde los cantos de recolección hasta la *playlist* que anima una jornada de oficina, muchas tareas de supervivencia se vinculan a la música en todas las culturas del mundo. Se ha comprobado que la música refuerza las funciones cognitivas, facilita el aprendizaje y desempeña un papel en la evolución humana como factor que fomenta la cohesión de las comunidades y la cooperación entre las personas que las conforman.

La educación, especialmente en etapa infantil, explota estas cualidades neurológicas de la música, ante la evidencia de que la cadencia rítmica y la melodía facilitan notablemente la sistematización de gestos y la memorización de todo tipo de información.

En 2020, en el momento más grave de la pandemia por coronavirus, una de las canciones más exitosas de la última década a nivel mundial puso su granito de arena en el esfuerzo sanitario. «Baby Shark», creada por la cadena educacional Pinkfong, modificó su letra para ayudar a los más pequeños de la casa a lavarse las manos de manera correcta y durante el tiempo adecuado. Por si esta referencia cultural resultase demasiado infantil, el esfuerzo higiénico fue secundado por la CNN, que propuso siete canciones con las que medir el tiempo correcto de lavado las manos. Una para cada década, para que nadie se quedase sin referentes. Las elegidas para esta curiosa propuesta fueron «Jailhouse Rock» (Elvis Presley), «My Girl» (The Temptations), «Dancing Queen» (ABBA), «I Love Rock 'n' Roll» (Joan Jett & The Blackhearts), «Say My Name» (Destiny's Child), «Ms. Jackson» (OutKast) y «Truth Hurts» (Lizzo), sin que nadie explicase las diferencias de duración, no menores, entre ellas.

Por motivos similares, en la formación de primeros auxilios se recomienda, de manera casi universal, la canción «Stayin' Alive» de los Bee Gees. No se trata de una sutil demostración de humor negro, sino que la rápida asociación de ideas entre el título y la situación de emergencia aconseja la elección de este tema. Grabado a 104 pulsaciones por minuto, es la velocidad idónea para las compresiones torácicas durante una reanimación cardiopulmonar. Por supuesto, existen diferentes alternativas a esta canción, e incluso listas de reproducción específicas que reúnen temas con un tempo compatible con una RCP bien ejecutada. En la mayor parte de estas selecciones musicales aparece, nuevamente, «Dancing Queen», que parece lo bastante famosa y rítmica como acompañante de cualquier gesto saludable.

Otro contexto en el que la música salva vidas.

El interminable abanico de situaciones en los que la música entra en acción es, sin duda, una ventaja. Pero la incomprensión de esta diversidad sonora supone uno de los grandes obstáculos del juicio musical en nuestra sociedad. Un prejuicio que podríamos denominar «clasismo auditivo» y del que todas las personas hemos formado parte alguna vez.

El subtítulo de este libro, de hecho, es una parodia consciente de ello. Una imitación de esas comparaciones falaces que empleamos, con demasiada frecuencia, como apoyo a nuestras sentencias musicales.

«¿Qué pensaría Bach de la música actual?».

[Dígase con amplias dosis de condescendencia].

«¿Cómo vas a comparar a Beethoven con lo que se hace ahora?».

[Interprétese con los ojos muy abiertos].

«Lo de antes sí que era música, y no este ruido».

[Pronúnciese como una verdad universal].

«¿Me vas a comparar a estos chavales con los Beatles?».

[Cámbiese «los Beatles» por nuestro grupo preferido].

Por una parte, en estos prejuicios nos topamos con los criterios de prestigio y antigüedad. Estos argumentos básicos funcionan de maravilla en la apreciación popular de todas las artes, como ya expliqué en mi libro *Otra historia del arte*. Pero en el caso de la música, este argumentario se esgrime con una frecuencia todavía mayor. Y esto se debe, entre otras cosas, a que la formación musical de la mayor parte de la sociedad actual es muy mejorable, por decirlo suavemente. De modo que, a falta de mejor criterio, los mitos del pasado son la piedra de toque en cualquier contexto y zanjan, al menos en apariencia, cualquier debate.

Como la actualidad musical es seguida con mayor interés social que las novedades de otros géneros artísticos, al menos en lo que se refiere a los lanzamientos de la industria, este tipo de argumentario se mantiene actualizado y se aplica con una inmediatez pasmosa. No solo la gente que hacía música «antes» era mejor, por definición, que la de «ahora». Se llega también al extremo de que la música de una misma persona siempre fue mejor en el pasado que en el presente.

Esta es la razón argumental por la que cada disco de Rosalía resulta siempre, para mucha gente, peor que cualquiera de los anteriores. Como ya hemos visto, nuestro gusto musical es conservador y nos encanta que nos ofrezcan, una y otra vez, la misma canción. Así que como alguien se permita un sonido diferente al que le caracteriza, una mínima experimentación o un cambio de rumbo en su propuesta musical, la ira de sus fans estará presta para aplicarle el castigo merecido. Aunque, al mismo tiempo, si la creatividad de alguien se estanca, apuesta por valores seguros y no evoluciona a lo largo de su carrera, la crítica también será implacable. Es un verdadero callejón sin salida.

Dicen que el tiempo pone las cosas en su lugar, pero en música esta frase se cumple de manera dramática, porque las novedades sonoras causan irritación con cierta facilidad y muchas veces tardan en ser aceptadas.

Pero, por otra parte, esos juicios airados también se olvidan, paradójicamente, de la propia diversidad musical. Parece que estamos de acuerdo en que la música es maravillosa porque acompaña al ser humano en cualquier contexto. Pero luego pretendemos que el rasero universal sean Bach, Beethoven y los Beatles, lo cual resulta bastante injusto.

Por supuesto que la música de Bach no es comparable con el reguetón. Pero no porque haya diferencias de calidad, que es lo que la mayoría pensaríamos en un primer momento, sino porque se trata de expresiones tan diferentes, con finalidades tan distantes, que un símil entre ambas es tan engañoso como si comparásemos una nana con la *Novena sinfonía*, con la intención predeterminada de concluir que esta segunda es superior. Este tipo de argumentos juegan con las cartas marcadas y casi siempre se construyen de manera tramposa.

Una obra musical creada para una finalidad concreta debe juzgarse en función de su objetivo particular, y no en base a un estándar universal de excelencia, elegido de forma ventajista. Si lo hacemos correctamente, quizás descubramos que muchas nanas son muy superiores a la *Novena sinfonía* de Beethoven si lo que pretendemos es que nuestro bebé de cuatro meses se duerma. O que «Baby Shark» es una obra maestra dentro de su género musical, como una fuga de Bach lo es en el suyo.

Hasta ahora, hemos analizado los principales hitos históricos que han llevado al lenguaje musical gestado en Occidente, durante algo más de dos mil años, a posicionarse en la cumbre de la pirámide sonora. Hemos visto cómo se han definido esos códigos, paso a paso, desde las primeras culturas, y cómo sucesivos avances tecnológicos los han catapultado hacia una suerte de dominio mundial.

En la segunda parte de este libro exploraremos algunas de las funciones más importantes que los seres humanos hemos dado a la música. Veremos mecanismos narrativos y canales de expresión de sentimientos que han dado lugar a fenómenos sonoros totalmente diferentes. También repasaremos algunos de los contextos más frecuentes en los que las personas nos hemos apoyado culturalmente con ritmos y cantos colectivos.

Si la vida sin música es un error, abracemos la diversidad de sonidos, cada uno en su propósito.

11

Nuestra historia cantada.
La música y la narración

Canta, oh diosa, la cólera del pélida Aquiles.

Ilíada, canto I

Aunque nunca existió, millones de personas recuerdan a una mujer llamada Eleanor Rigby, que recogía el arroz lanzado en las bodas. La pobre mujer murió en soledad, parece que en la misma iglesia en la que llevaba a cabo ese triste ritual, y fue enterrada por el padre McKenzie, un solitario sacerdote que remendaba sus calcetines por la noche.

Es también muy conocida la historia de un Mayor Tom, desaparecido para siempre en una misión espacial que se torció irreparablemente. O la de Jolene, una mujer de tan abrasadora belleza, con su pelo de fuego y sus ojos de esmeralda, que nadie escaparía a sus encantos.

En definitiva, todo el mundo sabe que Macarena tiene un novio que se llama, de apellido, Vitorino, y sabemos, por la misma fuente, que al muchacho le espera una sorpresa cuando termine su instrucción militar y que no debería depositar grandes expectativas en esa relación, ya que su novia no parece que lo tome demasiado en serio. Todas estas historias son célebres, aunque ninguna habla de personas reales.

La música tiene muchos poderes, pero uno de los más fascinantes es su estrecho vínculo con la memoria. Por eso muchos sistemas de educación emplean el canto para que el alumnado recuerde con mayor facilidad cosas como las reglas matemáticas y gramaticales, los accidentes geográficos, y todo aquello que se espera que memorice de forma indeleble para toda la vida, como el teléfono de emergencias o el código de colores de los semáforos. La educación, especialmente en etapa infantil, explota estas cualidades de la música, ante la evidencia de que la cadencia rítmica y la melodía facilitan notablemente la sistematización de gestos y la recuperación de todo tipo de información.

En este capítulo nos interesan dos características de la música que hemos experimentado reiteradamente a lo largo de nuestras vidas: su capacidad para pegarse a nuestro cerebro como fuente de vínculos memorables y su combinación perfecta con la narrativa, que no es otra cosa que la habilidad humana con la que construimos relatos recordables. Y como prueba de ello, veremos una de las historias más importantes de la música popular contemporánea.

Un frío 9 de enero de 1941, en Staten Island, una familia muy peculiar trajo al mundo a una niña destinada a grandes cosas. La madre de aquella niña se llamaba Joan, había nacido en Escocia, era hija de un sacerdote anglicano que presuntamente descendía de los duques de Chandos y se declaraba absoluta pacifista. El padre se llamaba Albert, tenía la nacionalidad estadounidense aunque había nacido en Puebla (México), y también era hijo de un sacerdote, en su caso un ministro metodista que había abandonado el catolicismo. Con estas bases en su familia se comprenden muchos detalles de la vida futura de esa niña y de su compromiso ético. Pero también fue clave en su futuro una crucial decisión profesional que Albert tomó, en la misma época en la que ella venía al mundo: la renuncia, por motivos de conciencia, a tomar parte en el equipo científico del Proyecto Manhattan, que desarrollaría poco después la bomba atómica.

Aquella niña cambiaría la historia de la música con el apellido de su padre, el prestigioso físico Albert Báez, y el nombre de pila de su madre, la discreta pacifista escocesa Joan Bridge. Como sabe cualquiera que ejerza la ciencia como profesión, la investigación obliga a muchos cambios de domicilio. De este modo, en sus primeros años de vida la pequeña Joan Báez se movió con su familia por Estados Unidos, Canadá y Europa. Cuando la pequeña apenas contaba diez años la familia se mudó a Irak, donde Albert trabajaba, a propuesta de la Unesco, en la creación del departamento de Física de la futura Universidad de Bagdad. Al final de su adolescencia, en 1958, su padre aceptó un puesto en el Instituto de Tecnología de Massachusetts. La mudanza a Boston era la pieza que faltaba para una joven que ya estaba muy interesada en la música como herramienta narrativa.

Las raíces culturales de Boston latían en aquel momento con el resurgimiento del sustrato cultural de los migrantes europeos, que tuvo como consecuencia musical más reconocible el auge de la música folk. En aquella parte de Estados Unidos se había depositado la mayoría de la inmigración procedente de Irlanda, junto a comunidades venidas de otros países como Portugal e Italia, atraídas por un desarrollo industrial de la región en el que aspiraban a alistarse como mano de obra barata. Aquellas comunidades reivindicaban un papel social en la construcción del país tras décadas de discriminación y tensiones mutuas.

En aquel contexto tan político, Joan, para inquietud de su familia, llevaba tiempo fascinada por la música de Pete Seeger, un músico brillante que había hecho bandera de la mezcla entre las raíces culturales de sus ancestros europeos y la conciencia social. La prometedora carrera de Seeger se había topado con el Comité de Actividades Antiestadounidenses en los años más agresivos de la caza de brujas del macartismo. Que aquel músico perseguido por sus ideas fuese el gran referente de la joven Joan, que recibía insultos en clase por ser «mexicana» y ya había protagonizado episodios de desobediencia civil en la escuela, seguramente no era un tema agradable en casa de los Báez.

Exactamente en aquel año en que la familia llegaba a Massachusetts abría sus puertas, a pocos metros del campus de Harvard, el mítico Club 47. Fundado por dos mujeres comprometidas con la creación cultural, Joyce Kalina y Paula Kelley, el propósito original del local eran los conciertos de jazz y blues, pero como los músicos descansaban los martes, se abría un hueco semanal que pronto fue cubierto por los *folkies* que acabarían dando fama nacional al club. Cuenta la leyenda que en aquel escenario, por el que luego pasarían gigantes como Joni Mitchell y Suzanne Vega, dio su primer concierto Joan Báez. En el público, además de sus padres, estaba su hermana pequeña, Margarita, que también se convertiría en una notable e incómoda cantautora con el nombre artístico de Mimi Fariña. Como muchos sucesos que cambian la historia, aquel día no había una gran audiencia para presenciarlo.

Décadas después, la propia Joan Báez explicaba lo que se desató en los meses siguientes a aquel primer concierto: «Por la razón que fuera, tenía la voz adecuada en el momento adecuado. Y eso me catapultó a la estratosfera». Aquella joven de aspecto frágil y rasgos latinos, con una voz tan pura que daba veracidad natural a cada palabra que cantaba, utilizaba el folk para contar historias y pronto se convirtió en un fenómeno musical. En su timbre cristalino, la dignidad de aquellas personas que poblaban sus canciones, buena parte de ellas temas populares recogidos del pueblo, atravesaba la conciencia de una sociedad estadounidense cimentada en la discriminación y la desigualdad. Cuando Báez canta «The House of the Rising Sun», una canción popular que hunde sus raíces en el blues, tiene la rara habilidad de tocar con su voz la conciencia de quien la escucha.

Justo cuando los movimientos sociales estaban a punto de abrir en canal el sueño americano, aquella cantante dotada con la voz y los ademanes correctos de una paciente maestra de escuela cantaba temas tradicionales de la comunidad negra e, incluso, se atrevía con canciones en español en un momento en que la población hispana de Estados Unidos era invisible.

Todo lo que hizo Báez en los años del cambio de década ha marcado la música hasta hoy. Las innovaciones casi nunca son obra de una sola persona, pero una figura sobresaliente contribuye a su expansión y consolidación, como ocurrió también en esta ocasión.

Joan no fue la primera que prestó atención a la música tradicional y sus historias, pues la generación de Muddy Waters y Alan Lomax ya había transitado esa senda en Estados Unidos y el folklorismo, como luego veremos, había emergido prácticamente en todo el continente americano; pero ella dotó a aquel movimiento alrededor de la música tradicional de un impulso social y un éxito comercial desconocido hasta entonces. No fue la primera en acompañarse solamente de una discreta guitarra, para que la densidad sonora no obstaculizase la comprensión narrativa de sus canciones, algo que ya había hecho Barbara Dane; pero, a partir del éxito de Báez, la instrumentación desnuda marcó tendencia y el instrumento de las seis cuerdas se convirtió en un estándar internacional para quienes cantaban las historias. Por supuesto, tampoco fue la primera figura musical que recurría a su visibilidad y a la capacidad narrativa de la música para la reivindicación, pero seguramente hasta entonces nadie había hecho del compromiso cívico el gran propósito de su carrera, al menos en el contexto anglosajón.

Esto último es de especial importancia, porque Joan ni siquiera fue la primera mujer cantautora que recuperaba la tradición musical de su pueblo como vehículo expresivo. La inmensa compositora y cantante chilena Violeta Parra, nacida en una de las familias de folcloristas más destacadas de la historia de América, ya había iniciado una tarea similar. Parra había convertido en éxitos discográficos las tonadas tradicionales del campo de Chile, que ella misma recogía, varios años antes de que Joan arrancase siquiera su carrera.

Aunque siempre se han rastreado las influencias de Báez en un contexto exclusivamente anglosajón y norteamericano, no debemos obviar que la recuperación del folklore tenía ya una importante trayectoria en América Latina, desde la vieja trova cubana, luego renovada tras su adhesión a la Revolución, hasta los movimientos musicales en Argentina, que darían frutos simultáneos a los estadounidenses con el llamado Movimiento del Nuevo Cancionero, en el que se integrarían figuras de la talla de Mercedes

Sosa. Por más que los *folkies* estadounidenses como Joan Báez lograsen un alcance global mayor, entre otras cosas gracias al idioma y al poderío discográfico de su industria, la guitarra y la voz solista funcionaban desde hacía tiempo como modesta palanca del cambio musical y social en el resto de América, como demuestra la figura fundacional de Atahualpa Yupanqui, imitado hasta la saciedad por cantantes de todos los idiomas.

¿Influyó, directa o indirectamente, la música folklórica latinoamericana en la joven Joan Báez, que era, ella misma, hispana en Estados Unidos y se enorgullecía de cantar temas en español, pese a no ser hispanohablante? Este dilema del huevo y la gallina no tiene solución. La propia Joan siempre ha señalado sus influencias en el folk norteamericano de Pete Seeger y Woody Guthrie y resulta evidente que la barrera lingüística afecta de manera especial a un estilo musical que se sostiene en el texto cantado. Pero seguramente comprenderemos mejor su figura si la enfocamos como parte de un movimiento musical que atravesaba el continente de polo a polo. Así entenderemos, por ejemplo, que Báez eligiese España para poner punto final a su carrera, cantando, en español, «Gracias a la vida», de Violeta Parra.

Pero volvamos atrás, al comienzo de su carrera.

El caso es que en un momento en que Estados Unidos se proyectaba a través de la figura triunfal y disfrutona de Elvis, una encarnación perfecta del sueño americano que ya mostraba signos de fatiga, el inesperado éxito de Joan cambió el pulso musical del país y sirvió de ejemplo a toda una generación de mujeres cantantes y autoras, como Judy Collins, Emmylou Harris y la citada Joni Mitchell. Este impacto sería global, extendiéndose mucho más allá de las fronteras estadounidenses. En África, figuras como Miriam Makeba o Cesária Évora difícilmente se entenderían sin la posición de Báez como absoluta referencia, durante medio siglo, para todas aquellas cantautoras que buscaban una voz propia conectada con sus raíces culturales. Joan fue un espejo en el que se miraron durante décadas talentos tan diversos como el de Sinéad O'Connor, en Irlanda, o el de la española Cecilia, la cantautora que probablemente sea una de las personalidades musicales más equiparables a la propia Báez, aunque su temprana muerte limitó su alcance e influencia fuera de España.

Todo esto no es poco y, sin embargo, raras veces se cuenta esta historia de este modo. Es cierto que la cantautora de Staten Island siempre aparece reseñada como una de las grandes del folk, y no hay documental sobre la contracultura estadounidense y el movimiento hippie que no la incluya, pero no siempre se le reconoce su papel central en todo aquello, porque la posteridad ha elegido a otros héroes. Esto no deja de ser irónico, si tomamos en consideración que aquello en lo que más influyó Joan Báez ha sido, al mismo tiempo, en lo que menos se le ha reconocido.

A veces tienen lugar encuentros entre dos personas que pueden cambiar el curso de la historia. Uno de esos momentos tuvo lugar en 1961, en Nueva York, cuando la emergente carrera de Báez estaba en ebullición. Fue en la escena folk de esta ciudad donde la joven estrella se cruzó con un cantautor todavía desconocido. Un chico judío, apenas unos meses más joven que Joan, descendiente de emigrantes ucranianos y lituanos. Con su aspecto enclenque y su apellido Zimmerman habría sido la estrella más improbable de la historia de la música: un auténtico anti-Elvis. Aquel muchacho había nacido al pie de los grandes lagos, en la poco glamurosa ciudad de Duluth, Minesota, y había crecido en el corazón de una de las zonas mineras más importantes del país, un verdadero crisol cultural puesto al rojo vivo por la variada procedencia de los migrantes que acudían a trabajar en las minas y la industria de la región. La misma mano de obra barata que, para entonces, ya era el motor de la nación y su mayor sustrato cultural.

Se dice que al bueno de Robert Zimmerman, aquel desastrado chaval judío que se cruzó con la estrella emergente del folk, le gustaba la poesía de Dylan Thomas. Aunque durante casi toda su carrera posterior haya negado esta creencia común de que su bautismo artístico se deba al famoso poeta galés, jamás hay que creerse del todo las afirmaciones de un fabulista. Especialmente, las de uno tan bueno como Bob Dylan.

Casi de su misma edad, Joan Báez quedó sorprendida por el talento de aquel chico de extraña personalidad. Le llamó la atención la calidad de sus letras, tan básicas que parecían arrancadas del corazón de la tierra, hasta el punto de que sus composiciones prácticamente sonaban como aquellos temas tradicionales que ella versionaba. El hecho de que compartiesen referentes musicales los unió rápidamente. Al menos en el plano artístico, parecían hechos el uno para el otro. En este libro no nos interesa demasiado su difícil relación, personal y sentimental, pero para la historia de la música posterior será crucial la decisión de Báez: ella patrocinó a aquel talento desconocido, lo subió a un escenario, lo convirtió en una sensación en el folk y fue la primera que hizo famosas algunas de sus canciones hoy célebres, como «Blowin' in the Wind», cantándolas, desde luego, con mayor pericia vocal de la que jamás haya tenido el propio Dylan.

Hay pocos cantautores en Occidente que no reconozcan en el Bardo de Minesota a su gran referente, pero hasta hace unos años casi nunca se hacía mención al hecho de que el Bob Dylan que conocemos seguramente no hubiese existido sin Joan Báez (ver imagen 15).

En sus primeras grabaciones la influencia de la neoyorquina es tan notable que Bob incluso imita sus cadencias en el canto. Lo que podríamos llamar «la fórmula Báez» se convirtió rápidamente en «la fórmula Dylan», a medida que Bobby se hacía cada vez más reconocido. Cuando su fama superó a la de Joan, el mundo asumió que él era el estándar. Por otro lado, es indudable que Dylan también dejó una fuerte impronta en la música de Báez durante los años en que permanecieron juntos. La sinergia creativa fluye en todas las direcciones, especialmente con dos talentos tan notables.

El hecho de que buena parte del éxito de Dylan se deba al patrocinio de Joan en el arranque de su carrera no resta un ápice de importancia a su figura ni un gramo de calidad a su talento singular. Se trata, simplemente, del justo reconocimiento a una de las influencias cruciales que convirtieron a aquel chaval de Minesota en el gran cantante narrador del siglo xx: de igual modo que se señala la influencia de grandes narradores como Woody Guthrie y Leadbelly, parece justo que se recoja el impulso fundamental de quien fuera estrella del *folk* antes que él mismo.

La figura del cantautor fue el gran legado musical de la contracultura estadounidense y, aunque hemos visto que muchas de las pioneras más exitosas del movimiento fueron mujeres, gracias a la potencia discográfica norteamericana Dylan sería el gran profeta de esta fórmula global, con una lista de apóstoles infinita que atraviesa todos los continentes. En Estados Unidos su dimensión inabarcable marcaría el resto del siglo xx, junto a la de su estricto coetáneo Paul Simon, como gran alternativa sonora al rock and roll. El contagio se extendió rápidamente a todo el ámbito anglosajón, en especial al Reino Unido, donde los Beatles reconocieron sin reparos cuánto debían a la influencia de Dylan. Así fue como dos de los productos discográficos más exitosos de la historia —el chaval de Duluth y los cuatro de Liverpool— popularizaron a nivel mundial los presupuestos del *folk*: historias narradas, cimentadas sobre la sólida base de la música popular, insertas en la corriente principal del pop.

En la inacabable nómina de evangelistas dylanianos se incluyen decenas de nombres, entre los cuales destaca, por su influencia internacional, la obra del chileno Víctor Jara, el catalán Joan Manuel Serrat y el cubano Silvio Rodríguez, además de las ya mencionadas Joni Mitchell o Mercedes Sosa. Si antes hemos visto que Joan Báez no fue, en realidad, la primera de su especie, mucho menos lo sería Dylan, pero su éxito sirvió como validación para toda una serie de corrientes afines. Por ejemplo, la música francesa ya contaba con todo un Georges Brassens, maestro de la combinación entre poesía y canto, pero es evidente que la difusión de su obra fue menor que la del astro estadounidense y, al mismo tiempo, que el éxito de los cantautores que tuvo lugar a rebufo del folk provocó un nuevo interés en figuras anteriores como la suya, al tiempo que abría nuevos espacios para artistas que apostaban por el mismo maridaje entre canto y poesía, como el caso paradigmático de Paco Ibáñez en España.

A medida que el sumo sacerdote Dylan se alejaba del folk, acto que en su momento fue visto como una traición imperdonable, la mezcla de estilos e influencias se hizo más frecuente, y el compromiso político más diluido. En español se consolidó la denominación «canción protesta» para toda la corriente, aunque muchos de sus temas no incluyesen queja alguna, lo que prueba que la responsabilidad social era un ingrediente primigenio del que Bobby se desprendió con cierta facilidad, aunque Joan Báez y muchas otras voces jamás lo abandonaron.

Uno de los mejores temas iniciales de Dylan nos permite dimensionar su importancia musical. «The Ballad of Hollis Brown» fue incluida en *The Times They Are A-Changin'* (1964), el primer álbum en el que Dylan solamente incluía temas propios. Un disco taciturno que exponía sin filtro la sordidez de la sociedad estadounidense. Con esa voz desnuda y quejosa, que se convertiría en legendaria, escuchamos la terrible historia de Hollis Brown, un agricultor de Dakota del Sur que vive en la miseria, sobre un obsesivo acompañamiento en la guitarra. La desesperación de su extrema pobreza desemboca en el asesinato de toda su familia y su propio suicidio. No existe el menor resquicio a la esperanza. El estilo crudo de Dylan, al límite de la torpeza técnica, se clava en el alma, incluso aunque no se comprenda el texto. Es narración pura, como en un recitativo de ópera, pero encajada en los esquemas del blues más tradicional. Simple y efectiva.

En el mismo disco, cuya canción homónima se convertiría en uno de los grandes éxitos de la música estadounidense, Bob incluye también «With God on our Side», donde canta con desgana un resumen de la historia de Estados Unidos que se cimienta en la cínica creencia de que Dios siempre está de su lado. Este tema, con su estructura parecida a una plegaria, sería uno de tantos popularizado por Joan Báez en sus presentaciones en directo, en el momento álgido de la contestación política y el movimiento hippie. Es en estas canciones, menos famosas que sus grandes éxitos cantables, donde se aprecia el colmillo de Dylan y su capacidad narrativa: la música de aquel hijo de inmigrantes cantaba un nuevo relato de la historia estadounidense.

Cuando el cantautor recibió el Premio Nobel, en su discurso de aceptación, enviado por escrito, Bob Dylan reconoció entre sus influencias a pilares de la narración como Pearl S. Buck, la primera mujer estadounidense en ganar ese premio por toda su obra dedicada a China, país en el que había nacido y vivido buena parte de su vida con el nombre de Sai Zhenzhu. También hizo mención a Kipling y Hemingway, equiparando su arte con la literatura más canónica reconocida, y, seguramente como justificación de que un bardo como él ganase un premio siempre otorgado a respetables escritores, no olvidó al más grande de todos los «bardos»: William Shakespeare.

La concesión de aquel Nobel de Literatura a Dylan fue, seguramente, el episodio más polémico en la historia reciente de esta categoría. Una notable corriente de opinión se encastilló tras el argumento de que, por muy buenas que sean sus letras, un cantante no es un literato. A pesar de que su nombre había sonado muchas veces para este premio, parecía que nadie hubiese creído que un día se lo darían realmente. Como si se hubiese traspasado una línea sagrada.

Quienes defendían esa postura, sin embargo, olvidaban dos cosas. En primer lugar, que la narración ha sido, a lo largo de la historia, la función principal de la música, entre otras razones por los valores de memorabilidad que ya hemos comentado. Y en segundo lugar, que muchas de las obras más destacadas de la literatura mundial son, en realidad, textos destinados a ser cantados, aunque ya no recordemos su música.

Sabemos que gran parte de las obras literarias que nos han llegado de las primeras grandes culturas del mundo, desde China e India hasta Mesopotamia o la antigua Roma, se compusieron para ser cantadas en voz alta de manera comunitaria o como parte de rituales religiosos. Sirva como ejemplo el *Rigveda*, uno de los textos más antiguos que conservamos de una lengua indoeuropea, que fue recopilado en el Punyab por distintos grupos de sacerdotes procedentes del actual Afganistán. Esta valiosa colección de himnos litúrgicos, datada en la Edad del Bronce, es uno de los primeros corpus literarios de la humanidad, y presenta una estructura en estrofas adecuada para ser cantada.

La primera persona cuyo nombre podemos asociar a sus obras «literarias» es Enheduanna, hija del rey Sargón I de Acad. Vivió en Ur alrededor del año 2300 a. C. y estampó su nombre en las tablillas de cera en las que escribió sus himnos, destinados a ser cantados para el dios Nannar y la diosa Inanna. Por esta razón, es también una de las primeras mujeres de la historia cuyo nombre conservamos y, en cierto modo, la más remota antepasada de Joan Báez como la primera «cantautora» conocida.

La música ha sido el vehículo principal para la creación poética y la narración literaria a lo largo de la historia. Aunque no hay evidencia directa de que el *Poema de Gilgamesh*, la obra épica más antigua conservada, se interpretase como una canción moderna, en las culturas mesopotámicas la frontera entre poesía, recitación y canto era difusa. Tenemos indicios sólidos de que este relato, que tiene al menos 4.000 años de antigüedad, se cantaba o se acompañaba con instrumentos musicales.

De igual modo sucede con los dos poemas homéricos que ocupan simbólicamente el papel de obras seminales de la literatura occidental. Tanto la *Ilíada* como la *Odisea* se interpretaban a través del canto, lo que facilitaba tanto la memorización del relato como la digestión, por parte del público, de obras de semejante duración, que nunca fueron concebidas para el tipo de lectura (individual y en silencio) que hoy asociamos a la literatura. Los poetas-músicos que narraban estas historias ante el público en forma de canto épico se llamaban «aedos» y este tipo de interpretación estuvo vigente en todo el mundo durante siglos y fue el canal de comunicación privilegiado que transportaba aquellas narraciones que construían la conciencia de grupo social, a través de personajes como Aquiles y Gilgamesh.

Este uso de la música como memoria colectiva está muy cerca de ser un fenómeno universal. En Norteamérica, las canciones de las Primeras Naciones registran genealogías, sucesos e incluso rutas seguras de viaje por territorios helados. Igualmente, las canciones de los aborígenes australianos registran la historia particular de cada clan, lo que sugiere que el canto se empleaba como archivo de sucesos antes de la invención de la escritura.

Incluso a un nivel más popular, las historias cotidianas y las noticias aprovecharon también el soporte del canto en diferentes culturas como vehículo que potenciaba su transmisión. En Europa es bien conocida la figura del juglar, que vagaba por las ferias y celebraciones populares. Estos artistas, a caballo entre la música y el teatro, ofrecían juegos y trucos, pero también recitaban, declamaban y cantaban. En muchos casos, exponían públicamente las narraciones más famosas o cantaban sucesos recientes, para el entretenimiento del pueblo, pero también para su información.

Este papel informativo de la música mantuvo su vigencia hasta un tiempo no tan lejano. En España, como en otros países, eran personas ciegas las que, acompañadas de instrumentos de cuerda como el violín o la zanfona, relataban por ciudades y pueblos todo tipo de sucesos, a medio camino entre la información periodística y la pura ficción (ver imagen 16). Empleaban para ello también recursos teatrales o imágenes ilustrativas, como grandes cartelones pintados en los que sus lazarillos señalaban las escenas más destacadas a medida que el ciego las cantaba.

Resulta muy sugerente el hecho de que esta tarea quedase en manos de ciegos, como (supuestamente) lo fue el propio Homero.

Este fenómeno de transmisión del relato resulta todavía más interesante si tenemos en cuenta que la figura de personas ciegas que recitan o cantan cierto tipo de historias colectivas, acompañándose con instrumentos de cuerda, es muy frecuente en culturas de todo el mundo.

El *bianwen*, un género de narrativa ilustrada china originado en época Tang, era con frecuencia recitado por intérpretes ciegos; a lo largo de la historia, existen referencias posteriores a cantores callejeros invidentes que transmitían noticias y enseñanzas morales, acompañados de instrumentos de cuerda como el sanxian o el erhu. En Japón nos encontramos con los *biwa hōshi*, monjes que durante el período Kamakura (1185-1333) viajaban por el reino y recitaban el *Cantar de Heike* (*Heike Monogatari*), uno de los grandes poemas épicos de la literatura japonesa. Aunque no en todos los casos, con mucha frecuencia estos monjes también eran ciegos, y cantaban acompañándose con la biwa, un instrumento muy similar a un laúd europeo, que se había desarrollado en las islas a partir de la pipa china.

Entre los pueblos fino-bálticos los poemas épicos, como el *Kalevala*, también eran frecuentemente cantados por intérpretes ciegos; de igual modo, las *dumy*, poemas épicos originados en Ucrania hacia el siglo XVII, eran interpretados por cosacos itinerantes, casi en su totalidad invidentes, llamados «kobzárs». El patrón se repite una y otra vez, y emerge en países tan lejanos entre sí como Irán y Senegal.

De este modo, la narración, la música y la sociedad conectaban a través de la poesía pública.

Al final de esta larga línea de transmisión cultural, cuando el cubano Silvio Rodríguez apela a sus «compañeros poetas» en el arranque de su canción «Playa Girón» no se trata de un simple recurso retórico. Con ello, el cantante se posiciona, como Báez y Dylan, como Atahualpa Yupanqui y Violeta Parra, en la larga tradición de la narración cantada que hemos explorado en este capítulo. Uno de los modos expresivos más antiguos de la humanidad. Un ámbito donde las fronteras entre literatura y música se pierden en el principio de la historia, entre bardos y poetas ciegos.

Un género que transmitió durante milenios los grandes relatos de la comunidad, como una manera de cantarnos nuestra historia común.

12

Un lenguaje divino.
Los sonidos sagrados

Como cualquier otra forma de arte, la música se conecta muy profundamente con las emociones y, por eso, a través de la voz y del ritmo, está relacionada con todo tipo de rituales desde los primeros pasos de la humanidad.

En muchas religiones la música ha estado tan integrada en la plegaria que no existe una profesión claramente diferenciada para quienes se encargan de los sonidos propios del ritual o la liturgia. Esta relación íntima entre sonido y divinidad está presente en todas las culturas y continentes, desde los ritos chamánicos a las liturgias más complejas. Incluso en aquellas culturas que no nos han dejado registros musicales interpretables, diferentes indicios documentan el uso del canto y de otros tipos de música o, incluso, la existencia de metáforas musicales como parte de su pensamiento místico y de su visión del cosmos.

Para los antiguos egipcios, la música era un medio para conectarse con las divinidades, especialmente con Hathor, diosa de la música, la danza, la alegría y la fertilidad; inventora del arte musical, uno de sus símbolos era el sistro, un instrumento de percusión asociado también a otras diosas que se utilizaba durante las danzas rituales. Como en este caso, en la mayoría de los sistemas religiosos existen figuras que tienen una relación directa con el arte de los sonidos.

En el hinduismo, Sarasvati, la diosa del conocimiento y las artes, es representada pulsando las cuerdas de una vina, un instrumento emparentado con el sitar con el que interpreta la música que pone orden en el caos primigenio. Esta divinidad, que ya estaba presente en la religión védica, se asocia directamente al acto de la creación del cosmos a través del sonido que produce con su instrumento. En toda Asia se rastrean los orígenes de muchas explicaciones teológicas de la música, así como de su uso ritual. Experiencias sonoras como el canto difónico y los mantras, extendidos por buena parte del continente, tienen la doble misión de establecer un estado de conciencia y meditación, al tiempo que se convierten en una evocación de lo divino.

Esta misma metáfora sonora aparece en muchas otras creencias religiosas, como la «armonía de las esferas» pitagórica, de la que hablamos en su momento, que luego tendrá su traducción en el ámbito cristiano. La similitud entre muchos de estos relatos, que se contagian a otras tradiciones, es tan notable que probablemente obedezcan a una raíz cultural común. Con ojos modernos, también resulta llamativo que estas metáforas literarias sobre los orígenes de la materia conectados a vibración y sonido sean tan similares a algunas teorías modernas de la física cuántica.

En una conexión fascinante, esta metáfora aparece plasmada en la catedral de mi ciudad, Santiago de Compostela. En este valioso edificio románico se conserva una de las obras de arte más importantes de Europa: conocida popularmente como Pórtico de la Gloria, es una visión teológica del Apocalipsis, el último libro de la Biblia cristiana, esculpida en granito. Todo el conjunto está coronado en la parte superior por los veinticuatro ancianos descritos por San Juan en la visión apocalíptica. Según una tradición que está presente también en otros pórticos medievales, las figuras de los ancianos son representadas con instrumentos musicales, todos ellos de cuerda, lo que subraya de nuevo la coherencia con el pensamiento clásico. Estas figuras cantan la alabanza divina, de una forma no muy distinta a la tradición sufí, que cree que ciertos *wali* (santos) alcanzan estados espirituales cantando el nombre de Alá. Pero, al mismo tiempo, esos ancianos con sus salterios y arpas son un eco medieval del pensamiento pitagórico y de la cultura clásica que asociaba la música con la matemática, el conocimiento y la estructura del cosmos.

La tradición cristiana medieval, más rica culturalmente de lo que la mayoría de la gente ha asumido por culpa de los bulos oscurantistas vertidos sobre este periodo a partir de la Ilustración, está llena de ricas referencias musicales que proceden de la cultura clásica. La música llegó a imbricarse de tal forma en la liturgia que existía una frontera difusa entre la oración y el canto; entre la devoción y el conocimiento puro. Al fin y al cabo, si todo el conocimiento es una obra divina, la ciencia de los sonidos, con su raíz matemática, supone en cierto modo un acercamiento a Dios.

Por esta razón, en las categorías medievales del conocimiento la música era con frecuencia considerada entre las ciencias, en buena medida a causa de la fuerte influencia de Boecio, ya comentada en la primera parte de este libro. El pensamiento de este autor latino mantuvo una enorme presencia en la visión medieval del acto sonoro. De hecho, se consideraba que la música, en sí misma, era la que se ejercía de manera estrictamente teórica, un ejercicio mental colindante con la ciencia, una idea que también recogía la tradición islámica; mientras que la práctica instrumental o el canto, puramente mecánicos, se consideraban muy inferiores.

Un caldo de cultivo intelectual tan diverso dio lugar en este periodo a abundantes figuras líquidas que transitaban entre diferentes ámbitos. Entre todas ellas, ninguna alcanzó la riqueza y relevancia de Hildegarda de Bingen, la auténtica reina de las fronteras difusas entre ramas del conocimiento (ver imagen 17). Una figura tan polifacética que hace que Leonardo da Vinci parezca un principiante.

Si esta monja alemana del siglo XII, conocida popularmente como la Sibila del Rin, redactase su currículum vital e intelectual, resultaría tan rico y variado como inverosímil. Científica y mística, poeta y teóloga, destacó como una de las mejores compositoras de canto llano de la Edad Media. Su obra sonora es una de las más extensas del periodo: su colección, que lleva el sugerente título de *Symphonia armoniae celestium revelationum* ('Sinfonía de la armonía de las revelaciones celestiales') está formada por más de setenta piezas monofónicas, un volumen muy superior que el de la mayor parte de compositores medievales conocidos. También compuso uno de los primeros dramas litúrgicos con música de los que se tiene constancia documental, y que seguramente sería representado por las monjas de su congregación.

La música de Hildegarda encarna su pensamiento religioso, en la convicción de que esta disciplina conecta con la esencia divina que yace depositada en el interior del ser humano. Creadas para satisfacción de las necesidades litúrgicas de su propia comunidad, en sus composiciones se aprecia una imaginación poco frecuente en el canto monofónico medieval.

Esta tradición de alabanza divina a través de la música también se encontró con ciertos obstáculos morales que nos recuerdan mucho a los juicios musicales que hemos visto con Platón y Confucio. Aunque no se discutía la importancia de la música, su capacidad de influencia preocupó a muchos de los padres de la Iglesia. San Agustín, por ejemplo, recelaba de la música que halagaba los oídos en exceso, criticaba aquellos sonidos que eran tan hermosos que dificultaban el pensamiento y llega a considerar pecaminosas las canciones cuando le agradan más por su belleza que por su contenido. Por su parte, San Jerónimo distinguía los cantos que se emitían «con el corazón», en agradecimiento a Dios, que eran positivos, de aquellos que son una «dulce droga» que contamina la garganta. Estas figuras retóricas pueden parecernos ejemplos meramente literarios, pero en el cristianismo medieval se gestó un profundo debate en el que, durante siglos, se mantuvo una postura que prefería un «canto silencioso» que no se expresase con la voz.

Desde ciertas posiciones críticas con la Iglesia se tiende a etiquetar estas miradas teológicas como rasgos de censura puritana. En realidad, poco tienen que ver con el puritanismo, que es un fenómeno muy posterior. Como hemos visto, la desconfianza hacia la sensualidad de la música es parte de una profunda huella de la cultura clásica griega y latina, de la cual el cristianismo y también el islam beben de manera abundante. Pero parece que resulta más fácil acusar de mojigatería artística a santos medievales que a científicos árabes y filósofos clásicos, aunque todos ellos compartan sus visiones.

Aunque con altibajos, esta visión del arte de los sonidos se prolongó en Europa hasta la época de las guerras de religión, a caballo entre el siglo XVI y finales del XVII. En aquella etapa de profundos cambios espirituales, donde la religión se volvió especialmente política, cada bando se posicionó en distintas cuestiones teológicas, que también afectaron a su relación con los sonidos de la liturgia y su posible uso como arma religiosa. La reforma protestante de Lutero redefinió la relación de la comunidad con la música a través del coral, un himno religioso colectivo, destinado a ser cantado por la congregación (ver imagen 18). Concebidos con melodías de sencilla entonación, una estructura simple, una armonía transparente, y un mensaje doctrinal fácilmente comprensible en alemán, en contraposición con el restrictivo latín de la Iglesia católica, el canto de los corales recuperaba una idea de oración colectiva.

Igual que Hildegarda había compuesto himnos y antífonas para su congregación, también Lutero compuso personalmente decenas de corales para su reforma, a los que se sumarían con el paso del tiempo aportaciones de otros músicos. Este peso propio del canto comunitario en la liturgia protestante implicó una nueva dimensión profesional de los músicos de iglesia en esta religión. Entre otras consecuencias, provocó que el entorno religioso fuese no solo un espacio de música devota, sino también un ámbito de educación musical permanente. Esta es una de las causas que se señala tradicionalmente como explicación del florecimiento de la composición musical en el ámbito alemán, a partir del siglo XVII, y de la cultura musical más naturalizada en la Europa protestante frente a la católica, aunque estos argumentos sean bastante discutibles.

Bach fue músico en este modelo de iglesia durante la mayor parte de su vida.

Su servicio a Dios, que incluía la educación musical y la composición de los cantos comunitarios, fue parte central del mito edificado en torno a su sólida figura como principal talento de la música luterana y embajador de su religión ante el mundo. A lo largo de su carrera, especialmente en Leipzig, compuso más de doscientas cantatas para la liturgia, además de dramas musicales y otras piezas destinadas al culto, con los más elevados estándares de calidad musical.

Tomemos como ejemplo uno de los momentos musicales más brillantes de toda la historia de la música europea. Bach pone música al «Magnificat», una oración central en la liturgia cristiana que reproduce las palabras de María en uno de los pasajes evangélicos más famosos: su encuentro con su pariente Isabel, relatado en el evangelio de Lucas.

El reto para el compositor es poner en música las palabras de la madre de Jesús, lo que supone toda una responsabilidad. Veamos cómo se enfrenta, en concreto, a las siguientes dos frases:

Quia respexit humilitatem ancillae suae.
Ecce enim ex hoc beatam me dicent omnes generationes.

Pues [Dios] se ha dignado mirar a su humilde sierva,
Y desde ahora me llamarán dichosa por todas las generaciones.
(Versión RVC).

Bach quiere resaltar con sonidos la humildad de María y, para ello, deja la mayor parte de este texto a una soprano solista. El aria «Quia respexit humilitatem» es una de las mejores arias sacras compuestas en todo el siglo XVIII. Comienza con una extraordinaria melodía del oboe, con un ligero acompañamiento. Con esto le basta al genio de Eisenach para definir el carácter y la emoción adecuada al momento. Cuando entra la solista el oboe nunca deja de sonar, en dúo con la cantante, que entona una conmovedora y compleja melodía que trabaja a partir de motivos descendentes: una fórmula musical para la expresión de la humildad a la que hacen referencia las palabras. El aria resulta íntima, afectuosa y contenida, todo al mismo tiempo. Pero el músico se reserva una sorpresa final, un golpe de efecto emocional para la congregación.

El aria de soprano no interpreta los dos versos completos. La voz solista se detiene en las palabras «*me dicent*» ('me llamarán'), sobre una progresión de acordes inconclusivos, que desembocan en un auténtico muro de sonido: las «*omnes generationes*» ('todas las generaciones') explotan en un monumental coro, cantado a cinco voces en una compleja fuga, compuesta con precisión milimétrica. Como si asistiésemos en directo a todas las futuras edades del ser humano que cantan a María. Si las frases de ella terminaban en descenso, como metáfora de su humildad, las «*generationes*» cantan multitudes de escalas vocales que llevan la voz hacia lo alto, en una metáfora religiosa convertida en sonido.

La escucha de estas piezas evidencia por qué este hombre ha sido mitificado hasta el extremo como el mayor talento musical que haya existido. En estos dos fragmentos enlazados, que juntos suman poco más de tres minutos de música, Bach aplica mayor complejidad compositiva de la que la mayoría han manejado en toda su carrera. La propuesta sonora no solo resulta idónea, sino que además es una prueba de los medios y el conocimiento que el genio de Eisenach poseía. O, dicho en otras palabras, compone algo así porque puede.

Hoy sabemos que este trabajo creativo le entusiasmaba bastante menos de lo que se creyó durante décadas y que, aunque su devoción esté fuera de duda, en más de una ocasión se sintió atrapado por las tareas repetitivas propias de un compositor protestante. Que se retaba a sí mismo con piezas litúrgicas que resolvía con la brillantez que hemos visto porque se sabía un talento musical descomunal. Nos han llegado testimonios documentales de las incómodas situaciones que vivía cuando sus ambiciosas armonizaciones de corales luteranos resultaban demasiado complejas para el oído de su congregación y suscitaban protestas hacia su trabajo por parte de sus patronos. El coro «Omnes generationes» será muchas cosas, pero desde luego ni es sencillo ni se sigue fácilmente su relato sonoro.

Aunque como veremos más adelante la experimentación es uno de los ámbitos más interesantes de la música, no deja de ser irónico que el que seguramente haya sido el compositor más importante de la historia, precisamente por la solvencia técnica y la capacidad intelectual que aplicaba a la composición, recibiese quejas en su trabajo porque sus brillantes creaciones resultaban demasiado vanguardistas para sus jefes y su público habitual no las digería con facilidad.

Esta profunda tradición didáctica e intelectual de la música eclesiástica es la razón de que, durante siglos, una gran parte de las innovaciones musicales procediesen de compositores y compositoras del ámbito religioso. En su momento hablamos del padre Martini, que motivó que un joven Mozart se mudase a Bolonia para recibir sus valiosas lecciones de composición y teoría musical, en el que seguramente sea el ejemplo más notable de un sacerdote como referente musical de fama internacional. Pero no fue un caso único, ya que muchos de los grandes compositores que todavía suenan en los auditorios fueron clérigos, como Tomás Luis de Victoria, Carissimi y Vivaldi. Otros, como Rameau, se formaron en entornos eclesiásticos o trabajaron buena parte de su carrera para patronos religiosos, como Claudio Monteverdi y, por supuesto, Mozart y Bach.

Merecen mención especial, dentro de esta centralidad de la formación religiosa en el ámbito musical, las numerosas monjas compositoras. En la Edad Moderna, para muchas mujeres con aspiraciones creativas o intelectuales el monacato representó una paradójica libertad individual, ya que las eximía de las obligaciones sociales y familiares del matrimonio. Por esta razón, el caso que hemos visto de Hildegarda de Bingen no es, ni mucho menos, un caso excepcional.

Una de las primeras compositoras de las que conservamos piezas documentadas fue Kassia, abadesa de su propio convento en Constantinopla en el siglo IX. Aunque su vida está teñida de leyendas, desatadas por la inusual relevancia de una monja en el entorno bizantino, lo importante es que compuso alrededor de medio centenar de piezas sacras, muchas de las cuales todavía se emplean en la actualidad en la liturgia de la Iglesia ortodoxa. El perfil social de Kassia, que alcanzó estas cotas intelectuales gracias a su elevado extracto social, se repite en muchas ocasiones posteriores.

En la Italia del barroco se dio un cierto florecimiento de las monjas compositoras y a lo largo del siglo XVII hubo en la península más de una decena de monjas de clausura que publicaron sus obras. Chiara Margarita Cozzolani, monja benedictina de Santa Radegonda de Milán, destacó por la defensa del derecho de las monjas a la música y dio fama a su convento, del que sería nombrada abadesa, gracias a la música que ella misma escribía. Isabella Leonarda se pasó casi toda su vida en el convento de ursulinas de su localidad natal de Novara, donde también llegaría a abadesa y desde donde se convertiría en la primera mujer que vio publicadas sus sonatas instrumentales. Novara fue una especie de oasis musical femenino, donde estas mujeres se apoyaban frecuentemente entre ellas. Años después, en la misma localidad, compondría Maria Xaveria Perucona, que solo llegó a publicar una colección de motetes, pero de una alta calidad musical.

Puede que a mucha gente le sorprenda esta veta musical femenina dentro del ámbito religioso, pero lo cierto es que se ha mantenido hasta fechas muy recientes. Eunice Kathleen Waymon, conocida mundialmente como Nina Simone, que procedía de una familia con muy pocos recursos, se formó como cantante y pianista en su iglesia, un patrón que orientó hacia la música profesional a multitud de niñas de talento, como Dinah Washington.

Quizás el caso más paradigmático de un origen religioso para una estrella de la música laica sea el de la mejor guitarrista de la historia: Rosetta Tharpe (ver imagen 19). Formada en la Iglesia evangelista desde muy pequeña, aunque luego se convertiría en la madre del rock and roll mantuvo siempre con orgullo sus orígenes musicales y usaba como nombre artístico el apelativo «*sister*» ('hermana') que recibía en la iglesia. Su estilo ecléctico, ejemplo de fusión sonora, combinaba las raíces del canto espiritual con su talento como guitarrista, una mezcla que fue imitada por Chuck Berry, Little Richard y otros padres reconocidos del rock.

Muchas de estas figuras trascendieron el puro contexto religioso. Pero no debemos olvidar que el lenguaje divino en el que se formaron está en el corazón mismo de los principales estilos de música popular que consumimos. El rock and roll nació, en último término, en las iglesias del sur de Estados Unidos y en los lamentos de los esclavos en las plantaciones de algodón y tabaco. El lamento y el desgarro que revolucionó la música occidental fue, en un primer momento, una plegaria.

La mayor parte de la música que influye y perdura nace del instinto. Y, como veremos en el capítulo siguiente, existen instintos universales debajo de toda la creación musical, aunque a veces hagamos todo lo posible por olvidarlo.

13

Movimiento perpetuo. Música para la danza

En sesoto, la lengua propia del pueblo sotho, que vive entre Sudáfrica y Lesotho, un único verbo engloba los significados de cantar y bailar. Como señala el filósofo Francis Wolff, este hecho lingüístico, que se repite en lenguas de todo el planeta, es la representación de una realidad cultural global: «La mayor parte de las músicas en la historia y en el mundo son inseparablemente músicas cantadas y bailadas».

Si la vida es ritmo, con el latido del corazón, la sucesión de respiraciones o la cadencia de los pasos, resulta evidente en todas las culturas que la danza es una de las expresiones más naturales de la música. Aunque asociamos instintivamente el baile con el recreo, y en muchas sociedades existe una íntima relación con la vida social, lo cierto es que la danza ha tenido, a su vez, usos tan variados como la sanación o la guerra. Danzas como la tarantela, originada en el sur de Italia, relacionaban su vivo ritmo y movimiento constante con la curación de la temida picadura de tarántula, mientras que existen en multitud de culturas los bailes que preludian y sirven de preparación para la batalla, como el *sagayan* filipino, propio de pueblos como los maranaos, o la famosa *haka* maorí, popularizada por la selección de rugby de Nueva Zelanda.

En correspondencia con esta afirmación de Wolff, la mayor parte de estas danzas populares se cantan al tiempo que son bailadas. Muchas de ellas, con sus ritmos particulares, han influido sobre otros niveles de música, en algunos casos se han imitado en piezas clásicas y, en aquel grupo selecto cuyo ritmo es vivo pero de fácil seguimiento, han saltado hacia la música pop y la industria discográfica, como la champeta colombiana popularizada por la barranquillera Shakira, fuertemente inspirada en los ritmos del virtuoso guitarrista congoleño Syran Mbenza.

En otros muchos contextos sociales, el baile tradicional se ha convertido, sobre todo, en un elemento de identidad cultural, desde el tango porteño a la sardana catalana. En estos casos, se produce una especie de musealización folklórica de la música de baile popular, en buena medida como reacción a la estandarización sonora de la música comercial. En estos procesos se procura la preservación de los ritmos y sonidos según la tradición, aunque en ocasiones esa apariencia tradicional sea construida y no totalmente espontánea; estas danzas con frecuencia se acompañan de una vestimenta característica, como si bailar las danzas de nuestros antepasados fuese una suerte de ritual de preservación cultural.

Uno de los ejemplos más notables de este fenómeno lo tenemos en España en torno a las sevillanas. Música festiva, reservada especialmente a grandes celebraciones populares, por su facilidad como baile colectivo, su máxima expresión se obtiene en la feria, con un entorno concreto y una vestimenta específica. Desde los movimientos de identidad nacional del siglo XIX, que tuvieron una gran repercusión en la música, prácticamente toda región de Occidente preserva un baile tradicional y lo mantiene vivo a través de estas expresiones folklóricas.

Por ello, no resulta sorprendente que muchos de los grandes éxitos de la música industrial procedan, directamente, de melodías y ritmos tradicionales. Especialmente, de la riquísima cultura de baile de África y América Latina, bagaje sonoro en muchos casos compartido, a consecuencia del flujo de personas durante los siglos de la esclavitud.

En 2011 se dio uno de los mayores ejemplos de difusión de una música de profunda raíz tradicional al frente de un tema de la máxima difusión comercial. Jennifer Lopez, famosa artista neoyorquina de origen puertorriqueño (ver imagen 20), relanzó su carrera ese año con «On the Floor», producto de su colaboración con el productor y cantante de origen cubano Armando Christian Pérez, más conocido por su pegadizo nombre artístico (Pitbull). Juntos crearon uno de los éxitos de baile más sólidos de la industria en lo que va de siglo XXI, en el que se combinan todos los rasgos del éxito de la música pop que vimos en su momento con los sonidos electrónicos propios del disco y las nuevas músicas urbanas que ya comenzaban a asentarse de manera dominante en las emisoras musicales de todo el mundo.

Como muchos de los grandes éxitos de la industria, la creación de esta canción fue un acto colectivo en cuya escritura trabajaron varias personas, diluyéndose notablemente el concepto tradicional de autoría. Pero lo que resulta más interesante es que, al margen del ritmo de laboratorio, cuidadosamente calculado para el éxito, se empleó como elemento memorable del tema una melodía de origen popular que ha sido una verdadera mina de oro en las últimas décadas. Esa breve tonada en cuestión, con la que arranca la canción de Lopez y que luego se repite insistentemente, ya había protagonizado a finales de los años ochenta una de las historias de apropiación más rocambolescas de la música popular.

Los productores franceses Jean Karakos y Olivier Lorsac se encontraban de vacaciones en Brasil cuando descubrieron un joven género de fusión llamado lambada. La palabra en cuestión aparecía por primera vez como título de un tema del cantante y compositor Pinduca, maestro del carimbó, lanzado en un disco de 1976. A aquellos productores galos seguramente les interesaba poco la dimensión etnográfica de este tipo de danzas, pero se dieron cuenta del potencial comercial y les pareció que la palabra sonaba bien. Así que crearon una banda pseudobrasileña, que llamaron Kaoma, integrada en realidad por gente de diferentes procedencias. Con ella, lanzaron un éxito que en 1989 resonó en las casas y discotecas de medio mundo. La canción en cuestión se titulaba «Chorando se foi», pero todo el mundo la conoce, todavía hoy, como «La lambada».

La melodía, breve y pegadiza, junto a las vistosas presentaciones del grupo, con bailes más sensuales de lo que las televisiones occidentales de la época emitían normalmente, garantizó el éxito comercial. Cuando Jennifer Lopez lanzó «On the Floor» millones de personas identificaron al momento el tema memorable de «La lambada» del grupo Kaoma. Aunque, en realidad, tenían muy poco que ver con la creación de aquel éxito.

Los productores Karakos y Lorsac habían plagiado el famoso tema a la cantante brasileña Márcia Ferreira. Una canción que no tiene absolutamente ninguna relación con la lambada a la que hacía referencia la mercadotecnia. La adaptación de Ferreira, que fue copiada tan descaradamente en el éxito de Kaoma que la escucha de ambas produce sonrojo, traducía al portugués una saya de los compositores bolivianos Ulises Hermosa y Gonzalo Hermosa, que ya había sido popularizada en Bolivia por su grupo Los Kjarkas y versionada tanto en su país de origen como en Perú. Todas esas versiones, incluida la de Márcia Ferreira, eran perfectamente legítimas y ensayaban la adaptación del exitoso tema a diferentes ritmos; pero ninguna se acercó al impacto internacional que tuvo la versión de 1989, que se lanzó sin los permisos necesarios por parte de los verdaderos autores de la canción.

Cuando se escucha la versión original de Los Kjarkas se hace evidente que esa melodía es un ejemplo de evocación folklórica de la música andina, destinada a su interpretación con flauta, charango y bombo. En su ritmo original resulta más auténtica, aunque menos bailable para un público acostumbrado a la música comercial occidental. Por su parte, la versión de Ferreira de 1986 es una traducción perfectamente adaptada a los ritmos de fusión de la música brasileña de su momento.

No busco con esta historia de adaptaciones y plagios una moraleja ética. Los hermanos Hermosa obtuvieron una compensación por la copia descarada de su música y podían presumir, con razón, de ser los creadores de una de las melodías más famosas del mundo en las décadas finales del siglo XX, aunque se oscureciese su origen andino. Lo que me interesa de esta historia es que pone de manifiesto que el baile tiene una conexión íntima con las tradiciones sonoras de las diferentes culturas. Cada novedad rítmica o melódica que llega a las pistas de baile presenta, con mucha frecuencia, una larga genealogía familiar en la música tradicional, aunque el parentesco no sea tan descarado como el de «On the Floor» y «La lambada».

En la época de Johann Sebastian Bach eran frecuentes las adaptaciones de diferentes danzas populares a un lenguaje compositivo más complejo. Ya durante el Renacimiento, gracias entre otras cosas al desarrollo de la escritura y la imprenta musical en Europa, se popularizaron en cortes y celebraciones algunas danzas populares que alcanzaron gran éxito. Es el caso de la folía, un tema con el que ocurrió algo parecido a lo que hemos visto con la melodía boliviana de los Hermosa.

Esta melodía, junto con la estructura armónica que la acompaña, tiene sus orígenes a finales de la Edad Media en la península ibérica, probablemente en el entorno rural leonés. Entre los siglos XV y XVI se extendió en abundantes documentos e impresos musicales por territorio europeo y colonial. Aunque no siempre con la misma melodía, todas las versiones compartían el concepto de una base armónica, que se repetía de manera circular, y sobre la cual se improvisaba. Esta naturaleza improvisatoria, que recuerda a las bases del hip hop o a las progresiones armónicas del jazz, fue seguramente la clave de su éxito. Un ejemplo de las posibilidades de este esquema nos lo ofrece la excelente interpretación del violagambista sevillano de origen palestino y sirio Fahmi Alqhai, con Quiteria Muñoz y Accademia del Piacere en 2025.

Jean-Baptiste Lully, bailarín y compositor italiano que dominaría la música francesa durante el reinado de Luis XIV, adaptó esta danza, que para entonces resultaba prestigiosa por sus orígenes españoles. En su pieza «Folies d'Espagne» de 1672 se consolida la estructura armónica que desde ese momento acompañará a esta melodía, reconocible en todas las cortes del continente.

Durante el siglo siguiente, esta estructura estaba tan asentada que prácticamente todos los compositores importantes ensayaron piezas a partir de este esquema. Corelli consagró a la folía una de sus influyentes sonatas para violín, publicada en 1700, en la que explora la característica armonía de la pieza con sucesivos virtuosismos. En manos de intérpretes de talento, como la extraordinaria violinista balear Lina Tur Bonet, esta sonata es un escenario de lucimiento extremo; gracias a su estructura recurrente, facilita el seguimiento por parte del público de las complejas variaciones melódicas que ofrece el violín solista.

Plumas de la talla de Vivaldi, Marin Marais y Francesco Geminiani, entre muchas otras, trabajaron, directa o indirectamente, sobre esta idea musical, que también aparece, como era predecible, en la obra de Händel y Bach. La versión händeliana de la folía, contenida en su suite para clave en re menor (HWV 437) de 1727 se elevó a la categoría de gran éxito de la música barroca a partir de 1975, después de su abundante uso, adaptada para orquesta con una sonoridad más bien romántica, como banda sonora de la película *Barry Lyndon* de Stanley Kubrick. Y en el caso del genio de Eisenach, cita la famosa melodía de la folía, igual que Jennifer Lopez sampleaba el tema de «La lambada», en el acompañamiento del aria de soprano «Unser trefflicher» de su cantata *Mer hahn en neue Oberkeet* (BWV 212) de 1742, una pieza paródica conocida popularmente como «Cantata campesina».

Desde entonces, se ha convertido en uno de los temas musicales más recurrentes, e incluso ha tenido sus incursiones en músicas más populares, de manera semejante a como vimos en su momento con el «Canon» de Pachelbel. El afamado compositor griego Vangelis, cuando quiso sugerir sonoridades renacentistas y españolas en su música para la película *1492: la conquista del paraíso*, dirigida por Ridley Scott y estrenada en el quinto centenario del primer viaje de Cristóbal Colón a América, recurrió también a la folía, como tantos otros músicos habían hecho antes que él durante cientos de años. La estructura armónica de este gran éxito de la música europea es fácilmente reconocible en el fragmento de la banda sonora titulado «Conquest of Paradise». Es posible que sea gracias a esta secuencia de acordes, que está muy asentada en la memoria auditiva colectiva, que esta pieza se ha convertido en la obra más escuchada del músico heleno en Spotify.

Pasan los siglos pero el magnetismo de la folía continúa intacto.

Una prueba de ello es que, dentro de la popular obra del compositor de cine John Williams, su fragmento más reproducido en plataformas es una creación basada, también, en la folía. Es el caso del famoso coro que acompaña el combate final de sables láser en la película *La amenaza fantasma*, titulado «Duel of the Fates», que debe su característica secuencia de acordes inicial a la célebre danza española.

Muchas de estas sucesivas adaptaciones de este tema se dejaron por el camino su carácter de danza. Convertida en vehículo de una experimentación más intelectual, las características del baile se pierden en muchas de estas adaptaciones. Pero la tradición de la música popular sigue vigente como la raíz de estas innovaciones en el lenguaje sonoro, aunque esté muy diluida. El propio Bach compuso abundantes «danzas», al menos nominalmente, para muchas de sus piezas musicales, como en sus suites para violonchelo solo; aunque los diferentes números llevan por título de referencia los nombres de distintos bailes, como la courante, la zarabanda o el minueto, es evidente que en la época en que fueron compuestas estas obras no se esperaba que nadie bailase al son de estas piezas.

Esta es una de las grandes condenas de la música de baile. Cuando se hace lo suficientemente novedosa, interesante o estimulante, con frecuencia se desnaturaliza. Mientras tanto, se mantienen desde hace siglos importantes prejuicios negativos hacia la música destinada a la danza. De igual forma que, a efectos de la crítica, parece «mejor» una película dramática que una cómica, se diría que las obras musicales cuya misión principal es ser bailadas se juzgan con mayor dureza e, incluso, se discriminan injustamente de otros contextos que resultan más serios y solemnes.

Como mencionamos en su momento, en la antigua Grecia existían importantes recelos hacia ciertos tipos de música, entre los cuales, frecuentemente, se denostaba en especial lo relacionado con el baile, sobre todo si se consideraba demasiado desenfrenado o emocional. Este prejuicio se mantuvo en la época romana, hasta tal punto que en determinados contextos el mero acto de bailar suponía una deshonra para las mujeres que lo ejercían profesionalmente. De las ménades a Mesalina, las fuentes clásicas están llenas de reproches a las mujeres danzantes, un prejuicio que se mantiene tan vigente que ni siquiera en los últimos cien años hemos valorado correctamente a aquellas artistas que han destacado por sus aportaciones a las pistas de baile.

Entre ellas, especialmente damnificadas han sido Gloria Gaynor y Donna Summer, que a todas luces son dos de las intérpretes más relevantes musicalmente, y más influyentes popularmente, del último siglo. Por razones que se deducen fácilmente, pese a los reconocimientos y los registros históricos de ambas, su trascendencia no es subrayada con tanta frecuencia como la de artistas, sobre todo masculinos, enmarcados en otros géneros musicales menos lúdicos.

En 2015 la Biblioteca del Congreso de los Estados Unidos registró «I Will Survive» en su colección de documentos culturalmente más relevantes para que recibiese una especial protección (ver imagen 21). Esta canción, compuesta por Freddie Perren y Dino Fekaris y publicada en 1978, supuso la culminación de un fenómeno cultural que dominó gran parte de la década. Convertida desde su lanzamiento en un himno de los derechos civiles, no obstante, tanto Gaynor como el tema han sufrido críticas, presuntamente por su confrontación con el rock & roll y otros géneros que ciertos críticos consideraban más «serios» que la música disco.

En similares problemas se vio Summer, la otra ilustre inquilina del trono del dance. El año anterior había lanzado el tema «I Feel Love» como parte de su álbum *I Remember Yesterday*, que resultaba demasiado sensual desde su atrevida cubierta. En esta canción se demostraba que los experimentos de la música electrónica, de los que hablaremos más adelante, no solo eran viables, sino que eran compatibles con la expresión de emociones y no anulaban la sensualidad propia de la música de baile. Salvo la voz de Summer y un bombo, todos los sonidos de la canción son sintéticos y están producidos con instrumentos electrónicos. Todo un hito lingüístico en la música comercial del siglo xx.

Como hemos visto en ejemplos anteriores, estos dos temas también hunden sus raíces en la música tradicional. En su caso, en la música negra, las fuentes del soul y las enseñanzas del góspel. De hecho, Summer fue una consumada cantante de iglesia en su infancia, antes de lanzarse al estrellato, razón por la cual fueron juzgadas con mayor severidad muchas de sus voluptuosas puestas en escena.

Por supuesto, estas críticas no son exclusivas de las intérpretes femeninas y, en cierto modo, también afectan a los cantantes masculinos de música bailable. El prejuicio hacia muchos músicos de reguetón o de trap es también notable, y se señala como «basura» con extrema facilidad a géneros enteros, como si no hubiese piezas de jazz o de música clásica de escaso mérito musical.

En 2017 la canción «Despacito», colaboración de los artistas puertorriqueños Luis Fonsi y Daddy Yankee, se convirtió en un fenómeno global como pocas veces se ha visto en la música comercial, y en la confirmación del dominio de la música latina y caribeña en el escenario discográfico. Aquel fenómeno sucedió porque este tema está magistralmente bien escrito y producido para el efecto deseado, que no es otro que la celebración festiva a través del baile. Unos códigos sonoros que, por supuesto, no son los de una sinfonía orquestal, una ópera o un estándar del jazz, pero que constituyen un lenguaje que también es susceptible de conjugarse bien o mal.

Seguramente alguien fruncirá el ceño simplemente porque en este libro se mencione a Bach y a «Despacito» en un mismo capítulo, como si fuesen comparables. Es preciso que entendamos que existe buena y mala música en cualquier género y que cualquier jerarquía entre ámbitos sonoros diferentes existe solo en nuestra imaginación y en nuestros deseos de discriminación cultural. Esto no tiene nada de posmoderno, ya que los músicos de la época de Bach no dudaban en extraer ideas sonoras de músicas populares, teóricamente menos elaboradas que sus propias composiciones, pero fuente de ideas sonoras tan válida como cualquier otra.

Prácticamente todas las grandes solistas de la música de baile actual, desde ilustres veteranas como Madonna, Shakira y Jennifer Lopez a divas más recientes como Doja Cat, Nicki Minaj y Dua Lipa, son herederas directas del trabajo hecho por Gaynor y Summer, a quienes homenajean en su música una y otra vez. Ellas dos fueron para la música de baile lo que los Beatles para las bandas de rock y pop, pero ni de lejos obtienen el mismo reconocimiento. Quizás porque todavía mantenemos esa mirada negativa hacia la danza, como si fuese algo menos relevante que otras músicas.

Tal vez porque olvidamos con facilidad que el baile y el canto han sido la misma cosa a lo largo de la historia, hasta que nos empeñamos en lo contrario.

14

No disparen al gaitero.
La música en la guerra

La madrugada del 6 de junio de 1944 es uno de los momentos más famosos de la historia contemporánea de Europa.

Aquel día el tiempo estaba más lluvioso de lo normal en esa época del año, y el mar más agitado de lo previsto, en los lugares de la costa normanda en el que los Aliados habían planificado su golpe maestro contra Hitler. Meses de preparativos se confrontarían con la realidad, que determinaría el éxito o el fracaso de una de las operaciones más arriesgadas de la historia militar.

El desembarco de Normandía, desplegado en cinco puntos distintos de la costa francesa, se había diseñado como una jugada militar audaz que buscaba un punto de inflexión sorpresivo en el escenario europeo de la Segunda Guerra Mundial. Aquella mañana, el canal de la Mancha trazaría la frontera entre la muerte y la esperanza para miles de soldados jóvenes, muchos de ellos inexpertos, catapultados contra las defensas costeras del enemigo, donde les esperaban, a su vez, muchos jóvenes inexpertos del bando contrario. Durante esa jornada, casi 160.000 soldados, la mayoría de ellos estadounidenses, británicos y canadienses, cruzaron el canal de la Mancha de Inglaterra a Francia y abrieron un nuevo frente de combate que aceleró el final de la guerra en suelo europeo.

Conocemos la historia. La hemos visto representada en las películas y series de televisión y relatada en todo tipo de libros. Hemos compuesto la banda sonora de aquel momento como una mezcla de explosiones, disparos, instrucciones vociferadas y gritos de alarma en alemán, todo ello salpicado sobre la base sonora del oleaje furioso del Atlántico.

Sin embargo, en una de aquellas lanchas de desembarco, popularizadas por el cine, había algo realmente insólito: un joven vestido con falda escocesa, desarmado y con una gaita entre los brazos (ver imagen 22). Su nombre era Bill Millin, tenía veintiún años y era el gaitero personal de Simon Fraser, 15.º lord Lovat, comandante de la 1.ª Brigada de Servicios Especiales británica, destinada a desembarcar en Sword, la cabeza de playa más próxima a la ciudad de Caen.

Hasta la Primera Guerra Mundial, era tradicional que entre las tropas escocesas hubiese gaiteros, que acompañaban a los regimientos con su música y entretenían a las tropas en momentos de descanso. Pero las masacres de la Gran Guerra habían provocado que el ejército británico se replantease seriamente esta costumbre en situaciones de combate real, hasta el punto de prohibirla. Aquella mañana, Millin era una excepción viva, al filo de la historia con las notas de su instrumento como única defensa, bajo el fuego cruzado de ametralladoras alemanas.

Bill saltó del agua hacia la arena de Sword con su gaita, entre las explosiones y los disparos enemigos. Tocó «Highland Laddie», «The Road to the Isles» y otras melodías ancestrales escocesas que hablaban de colinas cubiertas de brezo y de antepasados que luchaban sin desmayo. Avanzaba sin esconderse, a paso firme, como si desfilase como parte de una marcha ceremonial y no en medio del mayor asalto anfibio de la historia.

Como es lógico, aquella estampa de otra época provocó estupefacción. Aunque se ha contado en ocasiones que el sonido de su gaita transmitió confianza a sus compañeros, lo cierto es que muchos relatos presenciales hablan también de incredulidad e, incluso, de pánico ante aquella visión. Pocos soldados sabían que lord Lovat había encomendado a su gaitero esta curiosa misión, con la excusa de que la prohibición inglesa no se les aplicaba a ellos, que eran escoceses. Algunos veteranos de esta playa reconocerían después que no habían visto a Millin ni, mucho menos, habían escuchado su música: al aire libre y en pleno asalto, el sonido de su gaita no alcanzaría una gran distancia. No era el lugar más apropiado para un concierto solista.

De hecho, si damos veracidad a los relatos de prisioneros alemanes mencionados por el propio Millin, parece que los francotiradores enemigos lo tuvieron en su mira en varias ocasiones, pero no le dispararon porque no representaba un peligro: no iba armado y, a juzgar por sus acciones, se trataba de alguien enajenado y fuera de la realidad. Ironías del destino, la guerra salvó al músico porque pensaron que estaba fuera de ella.

No disparen al gaitero.

Millin acompañó en los días siguientes con su instrumento el avance de los hombres de Lovat, a través del río Orne por el famoso puente Pegasus, bajo el fuego enemigo. Tocaba mientras otros caían a su lado. No llevaba armas. No llevaba casco. Solo la gaita, como si fuese un personaje salido de una leyenda celta a quien la música protegía mágicamente.

La imagen de Millin se convirtió en uno de los iconos del Día D. Pocos soldados presentes en el desembarco gozaron de tanta atención mediática con el paso de los años. Aunque la iniciativa original no fue suya, y él mismo relataría que se opuso a semejante excentricidad y que fue lord Lovat quien se lo ordenó, la idea romántica del gaitero que avanza con su música en medio del estruendo brutal de la guerra moderna es un icono demasiado poderoso y simbólico.

Aunque Sword fue, en comparación con otros puntos del desembarco, una de las playas menos sangrientas —desde luego, aquel desembarco fue mucho menos agitado que el de Omaha— Bill Millin sobrevivió a aquel escenario y se convirtió en un héroe no por matar, como la mayoría de sus compañeros, sino por su música. Su arma era un símbolo de orgullo cultural, incluso cuando todo a su alrededor ardía y explotaba.

Aunque la anécdota de Millin resulta tan llamativa que rápidamente se convirtió en una parte fundamental de la narrativa oficial del desembarco, lo cierto es que no fue el único gaitero presente en la Segunda Guerra Mundial. El oficial Jack Churchill, nacido en Sri Lanka cuando todavía recibía el nombre colonial de Ceilán, había entrado en acción cuatro años antes durante la batalla de Francia con un equipo formado por su gaita, un arco y una espada ropera. Conocido por su excentricidad próxima a la locura, se le considera el último soldado británico en causar una muerte en combate utilizando un arco.

Pocos días después del desembarco de Normandía, durante la ofensiva británica conocida como Operación Epsom, se tomó una famosa fotografía que muestra a un batallón de los Seaforth Highlanders en avance por suelo francés liderados por su gaitero. En esta ocasión, el soldado que toca el instrumento sí va protegido con su casco reglamentario, y es probable que esta imagen fuese buscada con fines propagandísticos como repetición de la famosa hazaña de Millin.

Todas estas acciones parecen una ventana a otro tiempo porque son un recuerdo de otras épocas en las que las guerras no eran menos terribles, pero sí menos apocalípticas.

Aunque la música es uno de los mejores productos del ser humano, ha tenido presencia en los combates desde los comienzos de la historia. La Biblia recoge diferentes referencias al uso militar de instrumentos musicales, como en Números 10:9, donde Jehová instruye a los israelitas sobre el toque de trompetas que convoca al combate y simboliza la protección divina frente al enemigo. El mismo instrumento protagoniza uno de los pasajes bíblicos más reconocibles, cuando el sonido de las trompetas derriba las murallas de Jericó.

Además de las referencias bíblicas, tenemos numerosas evidencias del uso de instrumentos de viento y de todo tipo de tambores en contextos militares, en territorios y culturas muy dispares. Sus funciones son tantas como determinen las necesidades bélicas, desde la emisión de instrucciones, señales y alarmas hasta su uso intimidatorio contra el enemigo, que es el que parece interpretarse en los pasajes bíblicos que hemos visto.

El carnyx fue un instrumento de la Edad del Hierro, recientemente popularizado por el músico gallego Abraham Cupeiro. Similar a una gran trompeta, se sostenía verticalmente y su campana tenía forma de cabeza de animal. Su duro sonido aparece referido en fuentes clásicas y su imagen se ha documentado en obras de arte como el caldero de Gundestrup o la columna de Trajano, lo que lleva a pensar que estaría extendido por distintas culturas europeas, con pequeñas modificaciones locales. Su sonido, no por casualidad, es muy similar al del enfático «bocinazo de Nolan» del que hablamos anteriormente.

En todos los ejércitos de las sucesivas civilizaciones que dominaron el Mediterráneo aparecen todo tipo de instrumentos de viento, desde flautas y silbatos hasta trompetas y cuernos, que se empleaban seguramente para emitir señales tácticas, pero que, dada su asociación con el ejército rival, también infundirían miedo en el enemigo. En esa tradición de uso se enmarcan tanto el salpinx griego como la tuba romana. En este sentido, el recurso sonoro más versátil es la propia voz humana y no es extraño que en culturas muy distantes, en todos los continentes, se documenten cantos de guerra con la doble función de incrementar la moral propia y debilitar la ajena, además de su uso como transmisores de órdenes e instrucciones.

Con la percusión militar sucede algo similar. Más allá de diferencias culturales y adaptaciones locales, el uso de tambores de todo tipo y tamaño en la guerra se rastrea en una gran diversidad de culturas. Marco Polo refiere el uso del guangu, el gran tambor de guerra de los mongoles, muy similar al zhangu chino, con el que está emparentado.

Con el avance de la historia, la variedad y sofisticación de los sonidos empleados en la guerra fue en aumento. En plena Edad Media se reconoció a Saladino como un maestro del uso psicológico de los instrumentos musicales durante sus campañas. Trompetas, tambores y platillos eran utilizados por sus tropas de modo que no solo intimidaban al adversario sino que también, con el ruido generado, interferían en las señales de combate enemigas y provocaban el caos entre las tropas defensoras. Los ejércitos cristianos, que también tenían su propia tradición del uso de instrumentos, imitaron y adaptaron estas tácticas de guerra sonora.

Como herederas de esa tradición árabe, en el siglo XVII, las bandas *mehter* del ejército otomano, formadas mayoritariamente por jenízaros, usaban bombardas, trompetas, triángulos, platillos y gongs para atemorizar al enemigo. Se cuenta que durante el asedio de Viena de 1683 el sonido llegaba incluso hasta las casas, lo que provocó un impacto psicológico devastador en la población civil. A pesar de su fama internacional, la abolición del cuerpo de jenízaros en 1826, cuando éste ya contaba con casi cinco siglos de historia, supuso un golpe a este tipo de agrupaciones. En los últimos años se han convertido en uno de los símbolos con los que la moderna Turquía evoca el orgullo de su pasado imperial.

Una vez aplacado el peligro turco, estos instrumentos se popularizaron en Europa central por su sonido exótico. Hasta cierto punto, se considera a estas agrupaciones otomanas como el germen de las futuras bandas de música militar, y su estilo fue imitado por compositores como Mozart y Beethoven en sus composiciones, ya que evocaba cierta sofisticación que se relacionaba con la cultura turca. Su influencia en distintos estilos de música popular europea, especialmente en los Balcanes, es muy profunda.

Según el dicho popular, los tambores de guerra no solo marcan el paso a los soldados, sino que también anestesian su conciencia.

Por su poderoso efecto psicológico, bien estudiado por la neurociencia, la música no solo ha ejercido un papel en la guerra mental contra el enemigo a lo largo de la historia, sino que ha formado parte del proceso de aprendizaje y adiestramiento de las propias tropas.

Este es el motivo de que en los ejércitos modernos se utilice el canto grupal como parte del entrenamiento militar. Esos cánticos, que se vocean al unísono durante diferentes ejercicios, como la marcha, no solo refuerzan el nivel aeróbico de la tropa, sino que estrechan sus lazos de pertenencia al grupo. Ésta era, seguramente, la antigua misión de las gaitas, como la de Bill Millin, en los regimientos militares: el acompañamiento de la marcha, la determinación del ritmo de paso y la creación de un ambiente propio para el ámbito militar, en el cual los miembros de la unidad se sienten seguros.

Este extraordinario poder que tiene la música en nuestra mente, con su capacidad de generar sensaciones y sentimientos que nos abstraen de la realidad que nos rodea, es el fin último del uso de los sonidos en el ámbito militar. Si bien en la actualidad la presencia de bandas de música o solistas en el frente de combate resulta un anacronismo, tan llamativo como el desembarco de Millin en Normandía, la generación de los auriculares, de la que hemos hablado en el comienzo del libro, tiene también una aplicación bélica.

En la actualidad, cuando se encuentra en el frente de operaciones, la tropa va acompañada de sus dispositivos digitales, con los que tiene acceso a su música favorita. De este modo, no solo se recurre a aquellas canciones que evocan tranquilidad, un lugar seguro o la idea del hogar, como una vía de escape al estrés de guerra, sino que también se echa mano de las músicas que durante el entrenamiento se han asociado a la actividad bélica en sí misma, como la citada anestesia para la conciencia.

El poder de la música es enorme y no todos sus usos son positivos.

15

Con la mano en el pecho.
La música como bandera colectiva

Clavado en el sureste de Estados Unidos se encuentra uno de los territorios más simbólicos del país: Georgia. Locomotora económica del viejo sur, ha desempeñado un papel central en la configuración de la identidad cultural estadounidense y, en buena medida por su complejo pasado, fue la cuna del movimiento por los derechos civiles y patria de Martin Luther King Jr. Pocas ciudades encarnan mejor la historia de la nación que Atlanta, la ciudad de la Coca Cola, el pollo frito, los melocotones de Fort Valley y las arboledas infinitas. Georgia desayuna gambas y anochece con la crudeza literaria de Flannery O'Connor y Alice Walker.

Buena parte del valor emocional de este estado lo determina, sin duda, su papel protagonista en la evolución musical de Norteamérica. Junto a sus vecinos Tennessee, Alabama, Misisipi y Luisiana, Georgia completa el tarro de las esencias de las grandes aportaciones sonoras de Estados Unidos a la música mundial. De la raíz de los espirituales cantados por la población esclava al góspel festivo de las iglesias sureñas, del bluegrass de los Apalaches al norte del estado al rap de Outkast y Ludacris, pocos países del mundo han alumbrado un elenco de estrellas de la interpretación musical como el nacido en la perla sureña: en un hipotético torneo de selecciones, Georgia alinearía, entre otras figuras, a Little Richard, Randy Crawford, Gladys Knight y Ray Charles. Poca broma si añadimos a James Brown, nacido en Carolina del Sur pero crecido, humana y musicalmente, en Augusta.

Precisamente el más recordado de estos titanes, Ray Charles, a quien mencionamos al comienzo de este libro como uno de los popularizadores de la música negra dentro y fuera de las fronteras de su país, obsequió a Georgia con su himno, «Georgia on My Mind» (ver imagen 23). Ampliamente aclamada como una de las canciones más reconocidas del siglo XX, la famosa interpretación de Charles, lanzada en 1960, eleva la categoría del propio tema y lo convierte en mito. Con su característica voz a punto de quebrarse, que ha sido imitada hasta la saciedad por cantantes de todas las edades y continentes, el Padre del Soul ha llevado por todo el planeta su tierra natal, que seguramente es más conocida por esta grabación que por ningún otro motivo. Tenía todo el sentido que el estado la declarase oficialmente como su emblema sonoro cuando, en 1979, la designó como su himno. Gracias al poder simbólico de la música, esta canción evoca la idea de Georgia como nunca antes, como amalgama de la música negra y la poética sureña.

Y todo esto resulta muy interesante, porque esta canción fue compuesta por dos señores que no tenían absolutamente nada que ver con ese estado y, de hecho, fue dedicada al estado de Georgia por pura casualidad. La génesis en 1930 de este tema emblemático la recoge Ted Gioia, en *El canon del jazz,* de la siguiente manera:

Fue el saxofonista Frankie Trumbauer quien animó a Hoagy Carmichael a componer esta pieza. «¿Por qué no compones una canción que se titule "Georgia"? —le sugirió un día—. Las canciones sobre el Sur siempre dan buenos resultados». Para espolearlo, Trumbauer le propuso incluso el primer verso: «Deberías empezar así: Georgia, Georgia…», a lo que el compositor respondió con sarcasmo: «Gracias, es una ayuda inestimable».

Es difícil que el verdadero origen de una canción con una carga identitaria tan intensa resulte más impersonal y menos relacionado con su simbolismo final. Incluso circulan versiones, de difícil confirmación, que afirman que «Georgia» era el nombre de la hermana del compositor y que el autor de la letra llegó a afirmar que compuso el texto con ella en mente. Desde luego, este tema no nació como la profunda exaltación de la identidad cultural de nadie, que es en lo que luego se ha convertido.

Hoagy Carmichael, talentoso compositor de estándares que ya tenía en su haber una joya como «Stardust», una canción de 1927 muy apreciada por jazzistas de todos los tiempos que sería popularizada décadas más tarde por Nat King Cole, había nacido en Bloomington, Indiana (ver imagen 24). Era blanco y no tenía grandes vínculos emocionales ni con Georgia ni con el sur. Tampoco los tenía el letrista del tema, Stuart Gorrell, también blanco y también de Indiana; era amigo de Carmichael desde sus tiempos universitarios y, en un ejemplo de certeza casi sobrenatural, «Georgia on My Mind» fue la única canción que escribió en su vida, antes de convertirse en un importante banquero. Nada presagiaría que estos dos *hoosiers* escribirían, desde una habitación del barrio neoyorquino de Queens, la canción más emblemática del gran Sur estadounidense.

Esto demuestra, nuevamente, el poder evocador de la música, que trasciende al lenguaje hablado o escrito. Pero también que las cosas se cargan de significado cuando, con el uso, les otorgamos uno concreto de manera persistente.

Pocos himnos suponen un baño de patriotismo tan intenso como «God Save the King». Reconocido en todo el mundo, especialmente gracias a las retransmisiones deportivas, la escucha de una buena interpretación de esta joya musical inyecta en cualquier corazón más ganas de hacerse británico que el pudin de Yorkshire. Su historia es bastante oscura, pero se reclama su origen en la Inglaterra isabelina, y lo cierto es que tanto su melodía reconocible como el famoso contracanto, que suena por debajo, resultan verosímiles para un tema nacido hacia finales del siglo XVI o inicios del XVII. Se lo ha intentado relacionar, en determinados momentos, con compositores emblemáticos del pasado inglés como John Bull, Henry Purcell y Georg Friedrich Händel, aunque cuando se señala su autoría se prefiere, normalmente, dejarla anónima tanto para la música como para el texto.

En su forma reconocible, se rastrea esta pieza ya a mediados del siglo XVIII, con una primera interpretación pública como canto patriótico documentada en 1745. Desde entonces, se ha convertido progresivamente en la pieza de saludo y alabanza a los monarcas británicos. Pero como, a efectos legales, el Reino Unido no tiene un himno oficial, sino una serie de tonadas que, en diferentes ocasiones, ejercen su valor representativo, la letra se ha fijado de manera tradicional, mientras que su música ha tenido una vida francamente agitada. La expansión del poder colonial británico a lo largo del siglo XIX contribuyó a la difusión global de esta pieza, que puede ser escuchada en contextos tan diferentes como un partido internacional de rugby en el mítico estadio de Twickenham o un desfile militar durante el Kaapse Klopse sudafricano, del que ya hemos hablado.

En el colmo del pluriempleo musical, esta misma pieza es también el actual himno nacional del Principado de Liechtenstein, con el texto «*Oben am jungen Rhein*» ('En lo alto del joven Rin'); nos suena menos con este uso porque el pequeño micro-Estado centroeuropeo rara vez alcanza grandes resultados en las competiciones deportivas. También se usa en Noruega, donde el *Kongesangen*, el himno real del país de los fiordos es, de nuevo, la misma música, en este caso encabezada con el verso «*Gud sign vår Konge god*» ('Dios bendiga a nuestro buen rey'). No se produce colisión con el británico porque se emplea como saludo real, desde principios del siglo XX, mientras que en competiciones y ámbito internacional se utiliza el himno nacional propiamente dicho: «*Ja, vi elsker dette landet*» ('Sí, amamos este país').

Pero hay más.

En un reflejo musical del maravilloso parentesco entrelazado de las monarquías del Viejo Continente, en el pasado este mismo himno ejerció idéntico papel en el Reino de Prusia, durante más de un siglo, así como en el Imperio ruso, durante varios años a inicios del siglo XIX, y en Suiza hasta 1961. El currículum de esta canción como símbolo nacional para todo país necesitado de uno es inigualable. Al menos hasta que el Reino Unido, y la cultura pop, lo han asentado en las últimas décadas como emblema inconfundible de lo británico.

A diferencia de las palabras, cuyo propio significado decanta buena parte de su interpretación, los sonidos musicales son susceptibles de traducciones subjetivas, en función de intereses y necesidades diversas. En el caso fascinante de los himnos nacionales, un campo donde generalmente se busca un impacto emocional franco y sin mucho espacio para la ambigüedad, que sea al mismo tiempo cantable sin demasiadas complicaciones por las masas, hay casos de éxito admirables. Entre todos ellos, «God Save the King» representa, seguramente, el mayor exponente.

«La marsellesa», por su parte, ha sido el prototipo para una gran cantidad de himnos nacionales. Tan reconocible a nivel mundial como su contraparte británica, el himno francés también tiene su origen en el siglo XVIII, en su caso en el contexto de la Revolución. Fue creada en 1792 como un canto para el Ejército del Rin por el ingeniero militar Claude Joseph Rouget de Lisle, quien luego sería encarcelado durante el Terror y, según cuenta la historia patriótica, perdonado por haber creado esta tonada de gran popularidad. Esta maternidad revolucionaria, unida al hecho de que ha estado prohibida en suelo francés en varias ocasiones, la última de ellas durante la ocupación alemana entre junio de 1940 y diciembre de 1944, la han dotado de una aceptación popular de la que gozan pocos cantos nacionales.

Musicalmente, el himno de Francia es una pieza realmente brillante. En un discurso musical breve y compacto —rara vez se necesita más de un minuto para su interpretación—, la épica de su letra, que es una de las más agresivas de todos los himnos mundiales, queda resaltada por una melodía que se reconoce, y se memoriza, muy fácilmente. Pero donde reside, a mi juicio, su verdadera efectividad como símbolo es en su armonía, ya que emplea acordes sencillos y muy funcionales, como es habitual en los himnos, pero juega magistralmente con un pequeño giro íntimo sobre las palabras «*Ils viennent jusque dans vos bras, Égorger vos fils, vos compagnes*», la terrorífica frase en la que se alerta de que los enemigos vienen a degollar a los hijos y esposas de los franceses.

Todas estas virtudes musicales de «La marsellesa», que han funcionado como una especie de tutorial para la creación de otros himnos en países más jóvenes, la han convertido en una suerte de meme sonoro: ya sea inserta en la maravillosa «Obertura 1812» de Chaikovski, en la banda sonora de *Casablanca* o sampleada en el inicio de «All You Need Is Love», siempre es portadora de significado, que es lo que se le demanda a una pieza destinada a un uso como bandera colectiva.

Uno de los ejemplos más reconocibles de esa impronta musical es la «Marcha de los voluntarios», himno de la República Popular China interpretado por primera vez como marcha militar en 1934, aunque no sería establecida como pieza nacional por Mao hasta más de una década después. Su historia es similar a la de «La marsellesa», en su caso como símbolo patriótico durante la guerra sino-japonesa. Como en el caso francés, se trata de una pieza concisa, lo que favorece una interpretación breve; es reconocible desde el primer compás, fácil de cantar y está dotada de una armonía muy funcional.

Como hijo de su tiempo, el himno de China ejemplifica perfectamente el predominio del lenguaje occidental en la música mundial que es el tema central de este libro, ya que apenas mantiene lazos sonoros con la rica y milenaria tradición musical china, sino que responde a la estructura de una marcha militar de corte internacional. Esto también favorece la representatividad exterior del país asiático, ya que de este modo su himno resulta entendible para oyentes de todos los continentes, mientras que si la melodía y la armonía fuesen más próximas al sistema sonoro tradicional del país resultaría, con toda seguridad, de difícil escucha para las personas que no están familiarizadas con esa cultura sonora.

Cuando alcanzas un himno que te representa de manera perfecta es difícil desprenderse de él, como sabe muy bien la población de Rusia, uno de los países que ha tenido más cambios de su tonada nacional en los últimos dos siglos. Desde el ya comentado uso de la música de «God Save the King» hasta la adopción oficial de «La internacional», la solución que mejor se asentó en los corazones y las gargantas del país la brindó el compositor Aleksandr Aleksándrov. Militar y director fundador del famoso Coro del Ejército Rojo, creó una pieza que parece pensada expresamente para ser interpretada por esta agrupación.

El himno de la Unión Soviética era un espectáculo de masas corales con una carga épica que, por momentos, resulta incluso demasiado grandilocuente. Esta composición patriótica desafía algunos de los preceptos que hemos visto antes: no es breve y, como alcanza tonos agudos muy líricos en la voz principal, no siempre resulta sencilla de cantar. A pesar de todo, su épica, con un lenguaje musical enraizado en la profunda tradición de la música romántica rusa, la convirtió desde el principio en un himno querido y admirado, incluso por los adversarios geopolíticos de la URSS.

Hasta tal punto estaba asumido por la población que, tras la caída soviética, la Federación Rusa pasó importantes apuros en su intento de sustitución. En 1990 se eligió como nuevo emblema nacional «La canción patriótica», obra del prestigioso compositor Mijaíl Glinka. Aunque este autor es considerado el padre de la música rusa, y esta pieza no va corta de calidad compositiva, su vida como símbolo sonoro de Rusia fue extremadamente efímera. La población añoraba el himno anterior, menos refinado y, por ello, más adecuado para una parafernalia patriótica de grandes masas. En el año 2000 el gobierno ruso claudicó y reinstauró el viejo himno soviético de Aleksándrov, con los convenientes ajustes en la letra, tal como ha perdurado hasta la actualidad, aunque en ocasiones resulte difícil de cantar.

Esta dificultad no es una cuestión menor: si tu himno no puede cantarse, o por lo menos vocearse de forma colectiva con facilidad, necesitas un plan alternativo. En el caso de otro himno famoso, que resulta incluso menos cantable para la mayoría de la población que el ruso, sus interpretaciones públicas han desarrollado, por necesidad, una tradición propia. Se trata, por supuesto, de «The Star-Spangled Banner», el famoso himno de los Estados Unidos, que tiene su origen en la guerra de la Independencia y cuya música, en un curioso giro de los acontecimientos, probablemente fue obra de un compositor inglés.

A punto de cumplir su primer siglo como cántico oficial, su melodía cotiza en cabeza entre las más difíciles entre todos los himnos mundiales y es prácticamente utópico abordarla como un canto colectivo en un acto público, a tenor de la pericia vocal media de la población. ¿Cómo han arreglado los estadounidenses este pequeño problema? Con grandes dosis de espectáculo, como corresponde al espíritu nacional: a diferencia de la mayoría de las naciones del mundo, «The Star-Spangled Banner» no se corea por la multitud, sino que se escucha, respetuosamente, con la mano en el pecho y la cabeza descubierta, mientras una única persona, elegida para ello, entona la canción.

No es moco de pavo. En más de una oportunidad sucede que la persona elegida desafina, o deja escapar un gallo en alguno de los pasajes más exigentes, por nerviosismo o exceso de optimismo, ante una multitud con gesto torcido que espera una ejecución limpia y perfecta. De hecho, no es raro que una mala rendición de la pieza desate el malestar del público hacia la persona que ha mancillado la canción nacional. Por eso, en grandes eventos públicos, y en grandes citas deportivas, se concede este honor envenenado a vocalistas de probada solvencia, lo que ha dado lugar a versiones realmente famosas, a veces un poco libres, que serían impensables en otros países tratándose del himno nacional, como la memorable interpretación de Whitney Houston en la Super Bowl de 1991 o la brillante versión de Marvin Gaye en el partido de las estrellas de la NBA de 1983, que todavía en la actualidad despierta polémicas.

Cada país actúa en esto según su idiosincrasia. Pero no solo los países recurren a la música identitaria.

Como lenguaje, el arte de los sonidos posee una fuerza enorme, porque interviene directamente sobre nuestro cerebro y dispara todo tipo de emociones, desde las más primarias a las más sofisticadas. Cuando comprobamos que otras personas comparten esas emociones con la escucha de los mismos temas y canciones se construye una comunidad invisible con ellas, que está en la raíz de la creciente fiebre de los festivales y conciertos en directo. Una eclosión imparable que, de hecho, nos recuerda que el fenómeno musical siempre ha sido una experiencia colectiva. Solo la omnipresente industria del sonido grabado ha logrado invertir nuestra relación natural con la música por lo que, en cierto modo, la creciente fiebre de los conciertos en directo no es otra cosa que un intento de restablecer la normalidad.

Y si de algo se disfruta en un concierto es de corear, al unísono, los grandes himnos de aquellas bandas y solistas a quienes admiramos, máxime cuando esos temas se han convertido en parte de nuestra identidad. Lo que nos lleva a un trayecto que ya hemos hecho, al inicio de este libro: la estandarización de la música, en torno a unos valores memorables y cantables.

Lo que hemos visto para países, sirve para las personas. En función de nuestros gustos musicales y de nuestra identidad, nuestros himnos podrán ser «I Will Survive» de Gloria Gaynor o «Highway to Hell» de AC/DC. Por eso vociferaremos canciones de artistas altamente especializados en la composición de temas colectivos, como Queen o Madonna, que encajan con las demandas que hemos visto en este capítulo.

Música pensada para ser cantada con la mano en el pecho, seas quien seas.

16

Donde terminan las palabras.
La música como vehículo de emociones

No hay dolor sin música.

La mujer que cambió la manera en la que cantamos nuestras miserias vivió, ella misma, una infancia miserable. Se llamaba Bessie Smith y ni siquiera sabía exactamente cuándo había nacido, aunque celebraba su cumpleaños en abril por una especie de consenso familiar, y es probable que su alumbramiento tuviese lugar en 1892 (ver imagen 25). Pasó su infancia en Chattanooga (Tennessee), en el corazón de ese cinturón de las esencias musicales de Estados Unidos del que hemos hablado en el capítulo anterior. Aunque su familia ya era extremadamente humilde cuando ella vino al mundo, la situación solo fue a peor.

El padre de Bessie murió cuando ella era tan pequeña que no tenía ningún recuerdo de él. Antes de cumplir diez años ya había perdido también a su madre y a su hermano mayor. La familia, que no era especialmente boyante antes de este golpe, quedó repentinamente sin sustento, a cargo de su hermana Viola. Desde niña, junto a su hermano Andrew, actuaba en la calle para ganarse el sustento. La intemperie se convirtió en su escuela de canto, de baile y de guitarra, mientras sus hermanos abandonaban la familia en cuanto podían.

Nada presagiaba que aquella niña se convertiría en una estrella.

El pequeño golpe de suerte vino a través de uno de sus hermanos, Clarence, que había dejado a la familia para enrolarse en un grupo de variedades. Años después, regresó a por su hermana Bessie, que comenzó en el espectáculo como bailarina, y no como cantante, porque ese puesto estaba ocupado por la famosa Ma Rainey, luego entronizada como pionera del blues. En un mundo del espectáculo precario, Rainey no estaba dispuesta a ceder su protagonismo, de modo que Smith no alcanzó la primera línea hasta que tuvo alrededor de veinte años.

Hacia 1920 Bessie Smith ya era un fenómeno musical de renombre, gracias a su particular voz, su presencia escénica y su autenticidad emocional. En sus interpretaciones buscaba la verdad, dura y sincera, como su propia vida. En un efímero éxito, capitalizó su popularidad convirtiéndose en uno de los primeros fenómenos discográficos de la música sureña con Columbia Records y se encontró con otras estrellas emergentes que procedían de la pobreza más extrema, como Louis Armstrong.

Aunque su prestigio creció de manera constante durante su corta vida, y se convirtió en la artista negra mejor pagada hasta el momento, nunca disfrutó de estabilidad profesional, ya que las modas cambiaban rápidamente y la Gran Depresión afectó dramáticamente a su carrera. En 1937, aquella mujer que había cantado como había vivido falleció en un terrible accidente de tráfico, justo cuando otra mujer de vida terrible, Billie Holiday, se preparaba para heredar su trono como la voz más sincera de la música grabada.

Bessie Smith cantaba lo que había vivido: pobreza, racismo, desamor y desesperación. Podemos comprobarlo en su interpretación del clásico «Nobody Knows You When You're Down and Out». Exhibía un sentido del ritmo prodigioso y una facilidad para jugar con la voz propia de una superdotada vocal. Pero lo que la caracterizó, sobre todo, fue la transparencia con la que transmitía el doloroso relato de sus letras.

¿Habrían llegado esos mensajes de manera tan potente en la voz de alguien que solo hubiese conocido comodidades? Esta es una pregunta incómoda.

La sugestión es una herramienta poderosa. La mayoría de la gente que escuchaba a Smith conocía sus circunstancias o, cuando menos, se las imaginaba a tenor de la dureza de la vida de la población negra de los Estados Unidos. Por contra, el propio Armstrong demostró en muchas ocasiones que, a pesar de su durísimo periplo vital, no muy diferente al de Bessie Smith, su voz transmitía calidez, ternura y esperanza.

Por otro lado, es evidente que, como audiencia, empatizamos mejor con ciertas emociones cuando las intuimos tras la persona que nos las ofrece con su canto, un fenómeno que se manifiesta especialmente cuando las que cantan son mujeres. En este libro hemos mencionado abundantes ejemplos, desde «Lady Day» y la propia Bessie Smith, a Mercedes Sosa o Nina Simone. Existe una persistente presencia de biografías terribles detrás de muchas de las grandes cantantes de los últimos cien años, y en el listado se pueden incluir los casos paradigmáticos de Édith Piaf, la gran dama de la canción francesa que nació debajo de una farola, o las difíciles biografías de abrupto final de Janis Joplin y Amy Winehouse.

El *Yue Jì*, el venerado «Libro de la música» chino, escrito hace más de dos mil años, ya afirmaba que la música expresa las emociones de las personas, basadas en su vida, y atribuye a los sonidos la capacidad de implantar brevemente en los corazones y mentes sentimientos como la ira o la tristeza. Hemos hablado más veces de ese poder de la música, y ya hemos tratado en capítulos anteriores distintas emociones como el ardor guerrero, los sentimientos de pertenencia a un colectivo o la solemnidad de las ideas elevadas asociadas a la divinidad.

Pero una de las utilidades más frecuentes que damos a la música es la autosugestión de emociones contrarias, con las que conectamos nuestra empatía de forma discrecional. Sólo así se explica que una de las primeras estrellas discográficas de la historia fuese aquella niña que había vivido una infancia terrible en las calles de Chattanooga y lo traslucía en sus canciones. Porque, a veces, necesitamos una dosis de dolor, o de tristeza, que resintonice nuestras emociones a nivel neurológico.

Seguramente el uso más extendido de la música desde que disponemos de ella con facilidad gracias a la industria discográfica es la provocación de la catarsis emocional. Así se representa en tantas escenas de cine, donde el actor o actriz protagonista sufre un doloroso incidente amoroso y, por ello, escucha en cuanto llega a su casa una de esas canciones devastadoras que acompañan a las rupturas sentimentales.

Nos autorrecetamos música para que nos guíe en un descenso hacia el infierno emocional.

Por supuesto, la tristeza no es la única emoción que nos infligimos a través de la música. También obtenemos de ella dosis de alegría en horas bajas, de energía frente a una tarea tediosa o de consuelo ante una circunstancia vital irresoluble. Es indudable que ciertos ritmos y sonidos nos rescatan de bajones sentimentales, muchas veces en esa asociación natural con el baile, que ya hemos visto. También han mitigado desde tiempo inmemorial, en todas las culturas del mundo, las tareas asociadas a la supervivencia, especialmente labores agrícolas duras y repetitivas.

En 1867 los abolicionistas William Francis Allen, Lucy McKim Garrison y Charles Pickard Ware publicaron uno de los libros más importantes e influyentes de la historia de la imprenta musical, aunque es posible que no te suene. Se titulaba *Slave Songs of the United States* y contenía 136 canciones, que ellos mismos habían recogido en un campo de esclavos liberados durante la guerra de Secesión (ver imagen 26).

El objetivo de esta publicación era la preservación de la voz cultural de las personas esclavizadas, como afirmación de su humanidad frente a las representaciones degradantes habituales en la época. Estos cantos operaban como un mecanismo de supervivencia psicológica y espiritual, sobre la base de textos bíblicos y referencias a la fe. Era la primera vez que se publicaba una recopilación sonora de las comunidades esclavizadas y esta colección ha conocido abundantes reediciones y revisiones hasta la actualidad.

De aquí proceden muchos de los espirituales que las primeras generaciones del blues y el jazz convirtieron en estándares. La canción «Nobody Knows You When You're Down and Out» que popularizó Bessie Smith, y luego grabarían gigantes como Simone y Eric Clapton, fue escrita por el pianista Jimmie Cox en 1923 a partir de modelos contenidos en este libro, como el espiritual «Nobody Knows the Trouble I've Had». Ya sea en su versión recogida en esta recopilación, o a través de su influencia en otras composiciones, es uno de los temas más versionados del siglo xx, especialmente famoso en las grabaciones de Mahalia Jackson y el propio Armstrong. Esta recopilación supuso también la primera difusión de «Michael, Row the Boat Ashore» que se convertiría en un clásico del folk en la voz de Pete Seeger, aquel músico que empujó hacia la canción a unos jóvenes Joan Báez y Bob Dylan.

Dentro de los cantos contenidos en ese libro mítico, merece especial atención «Roll, Jordan, Roll», que los esclavos tomaron seguramente de un himno religioso inglés del siglo XVIII. La adaptación de este canto como motivo de esperanza y huida se documenta en los tiempos del «ferrocarril subterráneo», la red de rutas secretas y refugios que las personas esclavizadas empleaban para su fuga hacia estados libres en la primera parte del siglo XIX. En la película de Steve McQueen *12 años de esclavitud* (2013), una de las mejores aproximaciones recientes a la historia de la esclavitud en Estados Unidos, este tema se convierte en el balance emocional de toda la cinta en la soberbia versión de John Legend.

Para cuando se publicó su partitura en «Slave Songs of the United States» este espiritual ya era extremadamente popular entre los afrodescendientes de toda la nación. Por esta difusión rápida y exitosa, se ha llegado a proponer que su estructura y estilo fue la principal referencia para el nacimiento del blues; género que, junto a sus consecuencias, representa la mayor aportación de Estados Unidos a la historia de la música y fue la más grande revolución sonora hasta la llegada, décadas más tarde, de los sonidos electrónicos.

En la tradición del canto colectivo luterano, que vimos en su momento, las comunidades esclavizadas tomaban y subvertían el mensaje cristiano de estos himnos y los empleaban como expresión de sus propias necesidades y anhelos. Eran un código clandestino y un llamamiento a la autoprotección, pero también un mecanismo curativo frente a las tragedias de la esclavitud para personas a las que se les negaba, incluso, la humanidad. Este uso sanador del canto está profundamente vinculado a la manera en la que las personas experimentamos diferentes sentimientos y es tan antiguo como la música misma.

Hipócrates, médico griego del siglo V a. C., considerado el «padre de la medicina» porque segregó la práctica médica de las creencias religiosas, había observado que la música influía sobre la salud de las personas y, según parece, interpretaba piezas musicales a pacientes con trastornos mentales. Aristóteles se hizo eco de la capacidad de los sonidos como canal con el que se superaban emociones angustiosas. Esta idea también está presente en la medicina tradicional china, donde se atribuye a los tonos musicales una capacidad de equilibrar a las personas muy semejante a la que encontramos en el pensamiento hipocrático. Charaka, que podría ser el equivalente hinduista de Hipócrates, consideraba el sonido como una herramienta terapéutica, a través de los *raga* de la música clásica india.

En el Islam, que ya hemos visto que es depositario de muchos de los planteamientos centrales del pensamiento clásico, se llegó a un nivel especialmente sofisticado del uso curativo de la música. En el siglo XIII existían en el mundo árabe numerosos hospitales con salas de música para los pacientes, en particular destinadas a dolencias mentales. Al-Farabi, filósofo central en el pensamiento medieval y aplicado comentarista de Platón y Aristóteles, de quien ya hemos comentado que enmarcaba la música dentro de las matemáticas, describió los efectos terapéuticos del arte de los sonidos y recogió, con sorpresa, el desdén que los médicos de su tiempo mantenían hacia este recurso como colaborador de la sanación.

En las últimas décadas, tras un primer momento de escepticismo, muy similar a los prejuicios que Al-Farabi recoge en sus textos, la neurociencia y la medicina se han aproximado con curiosidad a los evidentes efectos positivos del sonido sobre la salud mental. La terapia musical ha mostrado resultados en tratamientos de enfermedades neurodegenerativas y demencias, además de su utilidad en el cuidado y prevención de alteraciones psicológicas. Evidentemente, no se trata de un conjuro ni una curación mágica, y cualquiera de estas dolencias requiere de tratamientos con base científica. Pero la evidencia muestra que la música mejora, en muchas ocasiones, el malestar físico y mental en personas enfermas. Es probable que los avances de la neurociencia puedan, en el futuro, explicar cada vez mejor qué resortes activan los sonidos en nuestro cerebro que provocan este tipo de interacciones beneficiosas. Pero es un hecho que la música se ha usado instintivamente en este tipo de circunstancias, en todas las culturas a lo largo de la historia.

Esta función sanadora del sonido resulta, si se quiere, más intuitiva, pues la curación es algo siempre deseable, a diferencia de la búsqueda del dolor emocional deliberado. Por eso, lo verdaderamente significativo, a nivel neurológico y psicológico, es que a veces queramos entristecernos activamente. Es en esta circunstancia en la que la música ejerce su papel de manera controlada y precisa, casi quirúrgica.

Solo esto explica el éxito de Bessie Smith y de los dramas humanos que cantaba. Y que una amplia mayoría de las canciones más exitosas de la historia sean, específicamente, temas de sufrimiento y desamor, con los que conectamos cuando hemos padecido eventos similares, pero de los que echamos mano también cuando nuestras circunstancias vitales no son necesariamente negativas.

Recordémoslo de nuevo: no hay dolor sin música.

En el siglo XII el trovador lemosino Bernart de Ventadorn, hijo de un panadero, mantuvo presuntamente un romance tormentoso con la esposa de su señor. Autor de uno de los primeros repertorios de canciones de amor de la música europea, se le atribuye la siguiente frase: «No hay mejor canción que aquella que parte del corazón y un canto no puede partir del corazón como éste no se encienda en un amor sincero y profundo». En plena coherencia con esta opinión, fue el autor de una de las canciones trovadorescas más famosas y antiguas de la música medieval, titulada «Can vei la lauzeta mover», donde expresa en primera persona el dolor de un amor no correspondido por una mujer, en términos idénticos a los que encontramos en miles de éxitos discográficos actuales, con frases como «Me ha robado el corazón».

Pocos años después, encontramos idéntica temática, pero con los roles invertidos, en las cantigas de amigo, tesoro de la cultura universal escritas en galaicoportugués, en las que es la amada la que lamenta la ausencia de su amado. El trovador Martín Códax, activo en la ría de Vigo desde mediados del siglo XIII, es el autor del conjunto mejor conservado: conocido como Pergamino Vindel por el nombre del librero que lo encontró en 1914, por casualidad, dentro de las tapas de un ejemplar de Cicerón, se trata de un folio manuscrito medieval donde se encuentran anotadas siete cantigas de amigo compuestas por Códax, seis de ellas con la música incluida.

Una de ellas, titulada «Ai Deus, se sab'ora meu amigo», es un desgarrador canto, en el que la música acompaña a la perfección la angustia del texto que canta la protagonista de la historia, abandonada por su amor.

Ai Deus, se sab'ora meu amigo
com'eu senneira estou en Vigo...

Ay, Dios, si supiese mi amigo
Lo sola que estoy en Vigo...

Soledad, nostalgia y ausencia aparecen en canciones amorosas de todas las culturas, adaptándose siempre a cada circunstancia social. También se han codificado a través del canto los celos o la ardorosa pasión del amor, desde aquel «sudor frío», acompañado de temblores y palidez que expresaba Safo en su famoso, y debatido, Fragmento 31, donde también se recogen los siguientes efectos del amor:

ὡς γὰρ ἔς σ' ἴδω βρόχε', ὥς με φώναι-
σ' οὐδ' ἓν ἔτ' εἴκει,
ἀλλ' ἄκαν μὲν γλῶσσα †ἔαγε†, λέπτον
δ' αὔτικα χρῶι πῦρ ὑπαδεδρόμηκεν

... en cuanto te veo, se me va el habla,
se me rompe la lengua,
me hormiguea un fuego impalpable...

Este texto, uno de los más famosos y analizados de la poeta de Lesbos, recoge en primera persona, como luego harían los trovadores medievales, los efectos devastadores del amor. En este caso, aunque durante mucho tiempo el sentido de las palabras se retorció para obviar o camuflar el deseo de la autora por otra mujer, Safo expresa no solo las consecuencias mentales y físicas de su pasión, sino que seguramente también pone en palabras los celos que le produce la visión de su amada junto a un bello hombre, que le resulta «semejante a los dioses», aunque esta referencia todavía es objeto de disputas y especulaciones.

Con independencia de este extremo, tanto el contenido de esta pieza como, incluso, la forma exacta en la que la poeta expresa sus sentimientos amorosos podrían utilizarse perfectamente en una canción de amor actual sin que nadie sospechase su antigüedad. Es imposible no empatizar con Safo cuando se siente empequeñecida y desarmada ante la «preciosa voz» y la «risa adorable» de su amada. Nunca olvidemos que estos textos estaban destinados al canto, y no a la lectura poética, muchas veces silenciosa, que hacemos de ellos en la actualidad.

Safo parece estar al borde del despecho, que ha sido la consecuencia natural del amor no correspondido en muchas tradiciones musicales; aunque ninguna lo ha expresado de manera musicalmente tan sofisticada como la música popular mexicana. La tragedia amorosa es uno de los temas favoritos de la ranchera, un género desarrollado en el siglo XIX que está hoy en el centro de la identidad cultural de México y de su imagen en el mundo.

El michoacano Juan Gabriel, uno de los compositores más exitosos de América Latina, en cuyo éxito también fue importante una notable ambigüedad sexual que aportaba a sus letras una rica ambivalencia, fue un maestro de la ranchera, en la que codificó a la perfección un tipo de «desamor altivo» que es consustancial al género. «Se me olvidó otra vez», de 1974, es una de sus canciones más influyentes, popularizada en los albores del siglo XXI en una festiva versión por el grupo Maná; sin embargo, esta joya ya había sido ampliamente difundida en las décadas anteriores por tres grandes maestras del desengaño cantado como Chavela Vargas, María Dolores Pradera y María Jiménez. Todas ellas aprovechaban la mencionada ambigüedad del tema original de Gabriel.

El gran maestro del mariachi, José Alfredo Jiménez, creó la que seguramente es la canción más famosa de México, y paradigma de la ranchera que ha funcionado como cliché y estándar desde hace décadas. «El rey», versionada por infinidad de artistas como Pedro Vargas, sublima esa visión del desamor en primera persona y transforma el despecho en una especie de orgullo por el abandono amoroso sufrido, en un *plot twist* narrativamente brillante en el que, poco menos, se celebra la pérdida de la persona amada.

Seguramente la obra cumbre de esta línea emocional, en la que se expresa alivio por la ruptura sentimental y se desata el despecho más furioso, sea la magistral interpretación de Paquita la del Barrio de la explícita canción «Rata de dos patas», escrita por Manuel Eduardo Toscano en el año 2000. Convertida en emblema de la cantante, fallecida en febrero de 2025 durante la escritura de este libro, lo cierto es que Paquita receló de esta canción, porque la consideraba demasiado agresiva. Por otra parte, su autor ha confesado en alguna ocasión que, aunque se haya convertido en un himno de liberación sentimental, su motor creativo fue el desprecio por un personaje político.

Como sucede con frecuencia en el arte, el público reinterpreta lo que una obra propone y añade, de su propia vivencia, significados que muchas veces no eran los originales, ya sea en un libro, un cuadro o una canción. La popularidad de este tema, espoleada por su viralidad en redes sociales, convertía las interpretaciones públicas del mismo en verdaderos acontecimientos, donde la audiencia, especialmente femenina, desahogaba sus sentimientos simbólicamente a través de la ristra de duros calificativos de la letra.

Una vez más, como seguramente ha sucedido desde los inicios de la música, el canto es el canal de la catarsis emocional; una experiencia liberadora de desahogo emocional que conecta con todo tipo de sentimientos, pero de manera muy especial con los dolorosos. Por supuesto, dentro de estos últimos, se incluye la devastación emocional provocada por la muerte.

En 1497 falleció el compositor flamenco Johannes Ockeghem, uno de los músicos más influyentes de su tiempo, por su estilo de vanguardia y su amplio magisterio musical. Su maestría y fama fueron tales que llegó a componer al servicio de tres reyes de Francia. A su muerte, según una costumbre erudita, distintos compositores escribieron elegías y lamentos en su homenaje, como muestra de admiración y respeto por uno de los grandes maestros de su arte.

Esa fue la ocasión para la que Josquin des Prés, uno de los mejores compositores de la historia, creó una de sus mejores obras. Conocida como «Nymphes des bois» ('Ninfas del bosque') por el primer verso de su texto, escrito por Jean Molinet, uno de los poetas más importantes de la época, supone una de las músicas occidentales en las que el llanto y la música se han hermanado de manera más íntima.

Sobre la base del canto llano de la misa de difuntos, Josquin levanta una armonía cavernosa que se asoma al abismo, con un brillante contrapunto al que Bach le habría puesto pocas objeciones. Las voces se convierten en gritos entonados, un lamento solemne y desgarrado por la muerte del gran maestro que provocan una emoción física en quienes lo escuchan, incluso aunque no se comprenda ni una palabra del texto. Buena parte de ese desgarro emocional lo provocan las disonancias controladas con las que el compositor vertebra la primera mitad de la pieza. Tras un emotivo silencio, la sección final es un homenaje directo al compositor fallecido: Josquin compone la música que acompaña las últimas frases en una imitación estricta del estilo compositivo del maestro Ockeghem.

Cualquier persona que hubiese conocido y sentido afecto por el difunto terminaría la escucha de esta obra bañada en lágrimas. De hecho, pese a las sutiles diferencias de su lenguaje armónico con respecto a la armonía moderna a la que nuestros oídos están habituados, la escucha actual de esta pieza resulta estremecedora. Considero especialmente interesante que el tejido sonoro construido por Josquin en el siglo xv como catarsis emocional por la muerte de su venerado maestro no resulta muy diferente de los cantos trémulos y los acordes emocionados de los espirituales y el blues.

Por última vez: no hay dolor sin música.

Así, como Josquin y Bessie Smith, los seres humanos de todas las épocas hemos empleado los sonidos como parte de nuestro dispositivo emocional. Allí donde las palabras no llegan para expresar sentimientos, la música ha acudido en nuestro auxilio.

Incluidos, también, los paisajes sonoros desconocidos que nos esperan en el último capítulo.

17

El placer imprescindible.
Sobre el juego intelectual con el sonido

Uno de los compositores más experimentales de principios del siglo xx fue un vendedor de seguros. Hijo de un director de banda cuyos ancestros llegaron a Norteamérica pocos años después del Mayflower, fue uno de tantos talentos musicales formado, como Bach, tras el teclado de un órgano de iglesia. Luego agrandaría sus conocimientos en el Yale College y, aunque sus primeras composiciones eran de una madurez extraordinaria, reconocida por la crítica, en 1902, con un prometedor futuro creador por delante, dimitió de su puesto como organista en la Iglesia Presbitariana Central de Nueva York y abandonó la escena musical para siempre.

Aquel hombre que rechazó ser un talento precoz, como Mozart, se llamaba Charles Ives y hoy es considerado uno de los mejores compositores de la historia de los Estados Unidos (ver imagen 27). Concibió un lenguaje propio a partir de la tradición musical de su país, pero lleno de atrevimientos e innovaciones sonoras que todavía hoy resultan chocantes para la mayoría del público. Y todo esto lo hizo por las tardes y los fines de semana, en el tiempo libre de su exitoso trabajo como pionero de la venta agresiva de seguros.

En su obra juvenil «The Unanswered Question», compuesta en 1908 pero que no sería estrenada hasta 1946, nos encontramos con todos esos rasgos que lo convierten en un pionero de la música clásica estadounidense y en un verso suelto; todo al mismo tiempo. Sobre unos evocadores acordes de cuerdas, que han sido un recurso habitual para representar un paisaje infinito, dibuja, en palabras de Alex Ross, «la vastedad indiferente de la naturaleza». Y cuando nos hemos asentado en ese sereno entorno sonoro, nos clava unas tensas disonancias que atraviesan todo el tejido que ha construido previamente y empujan nuestro oído a un terreno de arenas movedizas, donde no sabemos si la tonalidad tradicional vendrá en nuestro auxilio.

Este tipo de experimentación, que obtiene con facilidad el rechazo del público, también está presente en la llamada «Sonata Concord», quizás su obra más admirada. Esta joya no sería publicada en la forma que habitualmente se interpreta hoy hasta 1947, más de treinta años después de su composición. Se divide en cuatro movimientos, que reciben como denominación «Emerson», «Hawthorne», «The Alcotts» y «Thoreau», en homenaje a las figuras más destacadas del trascendentalismo, como Louisa May Alcott, escritora de *Mujercitas*, y Ralph Waldo Emerson, «El sabio de Concord», simbólico pueblo de Massachusetts que da título a la pieza. Si tomamos como ejemplo el tercer movimiento encontraremos abundantes ideas sonoras que han sido explotadas en la música incidental para el cine o en el pop todoterreno de Elton John, pero que aquí aparecen salpicadas con inteligentes disonancias y una estructura musical perfectamente coherente.

Estos sonidos no eran, ni mucho menos, frecuentados por el público de los Estados Unidos en la época en la que Ives los compuso, y tampoco resultaban comprensibles para todo el mundo dentro del ámbito musical. En una ocasión, cuando envió su música al copista, anotó al margen en la partitura manuscrita: «Todas las notas equivocadas son correctas. Copie todo tal cual está. Así es como lo quiero». Esta pequeña frase no solo prevenía que su música fuese corregida en la imprenta desde una perspectiva más convencional y menos experimental, sino que también evidencia que el músico planteaba su obra como una creación intelectual, en la que no toleraba ninguna interferencia exterior. Por esta razón, alejado de los círculos musicales durante buena parte de su vida, se dedicaría una y otra vez al repaso minucioso de su propia obra.

En buena medida, fue un innovador silencioso y, aunque existía un cierto mito a su alrededor, su impacto real sobre la música estadounidense llegaría con décadas de demora. Igual que ocurrió con las pinturas de la artista sueca Hilma af Klint, gran parte de la obra de Ives permaneció inédita durante su vida, en ese convencimiento, en la frontera entre lo visionario y lo maniático, que han compartido muchas mentes vanguardistas conscientes de que su obra no se entendería bajo los prejuicios de su época. Esta especie de autocondena ha sido frecuente en mucha música experimental, como un voto de silencio autoimpuesto, e incluso es actualmente una postura adoptada por una de las experimentadoras sonoras más influyentes de los últimos cien años.

Wendy Carlos nació en Pawtucket, ciudad de Rhode Island conocida por ser un referente de la producción textil, uno de los epicentros de la Revolución Industrial en Norteamérica; pero también como una de las regiones estadounidenses en las que la huella de los pobladores originarios es más profunda, como evidencia su característico topónimo de raíz alonquina. Como su familia no podía costearle un piano, su padre dibujó las teclas en una hoja de papel. A partir de estos rudimentos, Carlos compuso su primera pieza de cámara con diez años. Pero ella, como Ives, no quería convertirse en una nueva encarnación del «efecto Mozart».

No solo le interesaba la composición, sino especialmente la forma en la que se materializa el sonido. Construyó su propio sistema de alta fidelidad y ganó una beca con la que ensambló su propia computadora. Gracias a su inusual talento, accedería a la educación superior en dos de las universidades más prestigiosas de su país: Brown y Columbia. En la primera estudió de forma combinada música y física, con resultados sobresalientes en ambas, y en la segunda hizo su maestría, en el Centro de Música Electrónica de Columbia-Princeton, bajo la tutela de Vladimir Ussachevsky y Otto Luening, dos pioneros del uso de dispositivos electrónicos en la producción del sonido. Consciente de que sus talentos no eran comunes, desde esa época se acostumbró a trabajar en el turno de noche, con el mayor aislamiento intelectual posible.

Para aquel entonces, la música electrónica no era una novedad absoluta, pero tampoco era reconocible para el público. La que seguramente fue la primera composición electrónica fue obra de 1944 del compositor y musicólogo egipcio Halim El-Dabh. Con un magnetófono de alambre registró un *zaar*, una ceremonia cantada de curación ejecutada por mujeres, que luego manipuló, con el resultado de un sonido fantasmal sobrecogedor. El-Dabh también trabajaría, años después, en el centro especializado de Columbia-Princeton donde Ussachevsky y Luening ejercieron de mentores de Wendy Carlos.

En 1964 Carlos asistió en Nueva York a una conferencia de la Sociedad de Ingeniería de Audio en la que conoció a Robert Moog. Hoy celebrado como principal creador del sintetizador como instrumento musical, lo cierto es que en aquella época su invento todavía era un aparato de difícil manipulación, un poco . como el cuadro de mandos de la central nuclear de Springfield al que se sienta Homer Simpson. Sería Wendy Carlos la que daría el empujón definitivo al uso de sintetizadores, de dos maneras: por una parte, ayudó a Moog a simplificar el instrumento de cara a su comercialización; por la otra, con la colaboración de la productora Rachel Elkind, hizo posible el primer disco que demostraba las posibilidades del uso del sintetizador como un instrumento musical serio.

Aquella leyenda discográfica se publicó en 1968 con el título *Switched-On Bach* y todavía en la actualidad es uno de los discos más codiciados por coleccionistas de todo el mundo (ver imagen 28). Con el recurso al prestigio del músico alemán, del que hemos hablado abundantemente en este libro, Carlos planteó versiones sintéticas de sus obras más conocidas, como demostración de que el sintetizador era capaz de sustituir a una orquesta. Ella era la persona idónea para aquella tarea titánica, ya que comprendía las complejidades técnicas tanto de la música del compositor alemán como de la producción electrónica del sonido. Convertido rápidamente en un éxito, se considera el álbum clásico más vendido de la historia. Su artífice había explorado, como Bach siglos antes, las posibilidades de un nuevo instrumento. Sin este éxito seguramente no habrían tenido lugar las innovaciones expresivas que hemos mencionado al hablar de Donna Summer.

Aunque Carlos estaba deseosa de iniciar un lenguaje sonoro propio, la lógica de la música industrial provocaría una secuela al año siguiente: *The Well-Tempered Synthesizer* es un disco incluso mejor que el anterior y ya en su título hace un guiño al carácter experimental del propio Bach con su obra exploratoria, de la que hablamos anteriormente. Dos grabaciones de esta magnitud e impacto, que extendieron por todo el mundo la popularidad del nuevo instrumento, bastarían para convertir en leyenda a cualquiera. Pero Carlos fue mejor todavía cuando creó su propia música.

Convertida en la encarnación de la modernidad sonora, emprendió una serie de colaboraciones cinematográficas que harían historia del cine. En 1971 se encargó de la banda sonora de *La naranja mecánica*, que agrandaría el impacto del sintetizador como referente sonoro de la época. Para esta película de Stanley Kubrick combinó piezas clásicas de Beethoven, Gioachino Rossini y Henry Purcell con segmentos de composición propia. Aunque el timbre del sintetizador resulta «retro» a nuestros oídos, es innegable que los sonidos que creó Carlos son fundamentales en la percepción de la película, de la que forman parte de manera indisociable.

Años después, siempre en colaboración con Rachel Elkind, Wendy Carlos tiñó de maldad la primera escena de *El resplandor*, con una famosa versión electrónica del «Dies irae» de la *Sinfonía fantástica* de Hector Berlioz que se transforma, progresivamente, en aullidos de terror a medida que el coche que centra el plano avanza por una carretera arbolada. En segmentos de música de composición propia, busca efectos sonoros desde el origen mismo del sonido, que aportan las sensaciones necesarias para la secuencia. Pocas veces una banda sonora cinematográfica ha tenido tanta influencia en la percepción emocional del público, aunque a Carlos se le ha reconocido mucho menos este mérito que a otros creadores de su generación. De hecho, su laborioso trabajo apenas aparece en el montaje final, razón por la cual decidió que no colaboraría más con Kubrick.

Su tercera y última aportación a la música de cine llegaría con *Tron*, la mítica película de Steven Lisberger estrenada en 1982, en la que colaboró por primera vez con Annemarie Franklin. Sus discrepancias con Walt Disney Productions sobre el uso de la música marcarían en buena medida la recepción de esta brillante pieza de música cinematográfica. Donde Carlos quería una experimentación radical, la productora prefería sonidos más convencionales, en un momento en el que el impacto de las partituras de John Williams había decantado la balanza de las películas hacia una música orquestal de corte más tradicional.

En todo caso, Wendy Carlos cambió la historia de la música y lo hizo por el puro placer de la experimentación sonora. Fue la genuina curiosidad intelectual la que provocó sus hallazgos, con nuevos materiales e instrumentos en la vanguardia tecnológica.

Es cierto que no estaba sola, en un campo experimental en pleno desarrollo en el que, además de figuras reconocidas como Pierre Schaeffer, hubo abundantes mujeres pioneras que no reciben apenas crédito por sus aportaciones. Es el caso de la compositora Laurie Spiegel, cuya música también está presente en el disco de oro de las sondas Voyager, o de Bebe Barron que, junto a su marido Louis, creó en 1956 la banda sonora de *Planeta prohibido*, la primera íntegramente electrónica de la historia del cine. Pero la figura referencial de Carlos fue clave, ya que el éxito popular de sus exploraciones tecnológicas cimentó el triunfo de la música electrónica, sin la cual nuestro mundo sonoro sería muy diferente.

Como en el caso de Ives, Carlos se apartaría drásticamente de la escena pública. Aunque continuó con su experimentación sonora durante décadas, incluso con el planteamiento de afinaciones alternativas propiciadas por el uso de aparatos electrónicos, se retiró durante largas temporadas que se volverían definitivas. Como mujer trans, fue una de las primeras figuras públicas que anunció mediáticamente su identidad a finales de los años setenta, en una entrevista en la que afirmaba que tenía miedo por los agresivos ataques que recibía por ello. Para aquellas personas que en la actualidad creen que la transexualidad es una «moda» sería interesante la revelación de que la música de algunas de sus películas favoritas fue compuesta por una persona trans que ya sufrió en los años setenta el mismo odio que en la actualidad se lanza contra el colectivo.

Actualmente, pese a ser una de las compositoras más influyentes de los últimos cien años, Carlos permanece totalmente ajena a los reconocimientos y ella misma ha obstaculizado, en muchas ocasiones, la publicación de su música y su difusión digital. Parece que, en muchas ocasiones, la creación de vanguardia condiciona la vida de las personas hasta el aislamiento, en particular cuando esa creación está protagonizada por mujeres: la citada Laurie Spiegel, que hizo aportaciones fundamentales a la composición musical algorítmica, también optó por el retiro creativo.

En los últimos capítulos hemos repasado muchas de las funciones principales de la música. Hemos visto cómo los sonidos acompañan sentimientos, construyen relatos o infunden emociones colectivas. Pero muchas veces, la música no es otra cosa que ella misma, y la principal razón de su existencia es la experimentación.

Muchos géneros musicales se han definido a sí mismos a partir del puro juego creativo. Resulta muy significativo que esta dimensión intelectual se haya depositado también en ámbitos sonoros de raíz marcadamente popular, como el flamenco, el tango o el jazz. En el caso de este último género, es evidente que ha aportado muchas de las grandes innovaciones sonoras de los últimos cien años, al tiempo que se ha convertido, progresivamente, en un género tan intelectualizado que algunos conciertos necesitan notas de mano, como si fuese una velada sinfónica.

Allá donde exista una persona con la capacidad de crear música habrá también un deseo latente de empujar sus límites. ¿Qué pasa si introduzco disonancias en una apacible pieza para cuerdas? ¿Qué ocurrirá si interpreto la música de Bach con un sintetizador electrónico? Desde *El clave bien temperado* a los mejores discos de los Beatles, el atrevimiento y la curiosidad experimental han sido un motor detrás de la música que escuchamos. A veces, esas exploraciones sonoras son tan radicales que el oído medio no las tolera y el consumo musical mayoritario las margina; en otras ocasiones, se suavizan hasta ser más o menos digeribles por el público general, como en el disco *Solstice* de Björk, una de las artistas que se ha volcado más intensamente en una traducción asequible de las experimentaciones sonoras de gente como Spiegel y Carlos.

Pero siempre, en todo lugar, la música alberga una necesidad de conocimiento. Desde los himnos de Enheduanna y los números de Pitágoras, la música ha sido la expresión más sofisticada de la curiosidad humana. Esperemos que la estandarización nunca impida que la música sea, como siempre ha sido, el último reducto de la libertad intelectual.

EPÍLOGO

¿Qué pensaría Bach de todo esto?

Cuando comenzaba la escritura de este libro, y ya daba por finalizada la recopilación documental previa a la redacción del texto que estás a punto de terminar, me encontré en un diario con un sincero artículo del violinista ourensano Cibrán Sierra. En el texto, con el que me sentí inmediatamente identificado, el músico expresaba su sorpresa por el hecho de que, popularmente, la cultura musical no se considere tan importante como la posesión de un cierto barniz de conocimiento en otros ámbitos, como la literatura, la geografía o la historia.

Sierra se hacía eco de un fenómeno que creo que cualquier persona con formación musical ha vivido en más de una oportunidad: cada vez que en un concurso televisivo «de conocimientos» aparece una pregunta de música, la mayor parte de concursantes, audiencia y equipo del propio programa denotan una considerable ignorancia en el tema. Este texto en concreto tomaba ejemplos de este preocupante efecto del concurso *Saber y ganar*, seguramente uno de los programas televisivos más queridos de España y uno de los pocos emblemas de lo que se podría llamar «contenido cultural» en las parrillas televisivas del país. Pero el mismo fenómeno se repite en cualquier concurso y, de manera mucho más grave, también en la información diaria, en piezas documentales e, incluso, en programas teóricamente especializados en el ámbito cultural.

El artículo continúa con un diagnóstico, que me permito citar textualmente:

> Nuestra educación, nuestra legislación y nuestras instituciones culturales llevan generaciones desdeñando la música como disciplina, como actividad profesional y como patrimonio, y nuestra sociedad de consumo no favorece que la identifiquemos como cultura sino como un mero producto de entretenimiento.

Si no compartiese esta opinión, no habría escrito este libro, con todo el esfuerzo que ha significado para mí.

No existe nada de malo en que la música sea fuente de entretenimiento, y es evidente que éste ha sido uno de sus papeles más importantes desde que nos acompaña como especie. Pero resulta descorazonador que se trate socialmente de esta manera a un lenguaje que es «la expresión primigenia de nuestra esencia humana», palabras que tomo también prestadas del texto de Sierra.

Por este motivo, en cuanto leí ese artículo supe que la óptica que había previsto para este libro, durante un año largo de preparación previa y recopilación minuciosa de lecturas y fuentes, necesitaba actualización y reajuste. Ese trabajo previo me servía, pero se convertía en un punto de partida sobre el que necesitaba un cambio de enfoque y una reflexión más profunda.

Como ya he comentado previamente, tendemos a emitir juicios sobre la música del presente con cierto clasismo cultural, en una contraposición con las glorias del pasado que no solo resulta tramposa, sino que además ofrece pocas oportunidades de victoria. El pasado siempre está teñido de mito, en muchas ocasiones ha suscitado su propio culto y se ha elevado a los altares. Es muy difícil que una creación actual rivalice con tan altos estándares.

Sin embargo, creo que el problema que tenemos con la música es más profundo.

Cuanto más ubicua es la presencia del sonido, de la cual a día de hoy resulta más difícil que nunca aislarse, pareciese que menos valoramos el arte que se dedica a su creación, construcción y manejo. Ni siquiera los mitos sólidos de Bach o Beethoven, con todas sus fisuras, han logrado que la música se considere una profesión de prestigio o, por lo menos, una dedicación laboral digna de mérito intelectual.

La apelación a Bach se ha convertido, de hecho, en un mero pretexto.

Como si solamente el músico de Eisenach y un escaso grupo de elegidos, casi todos hombres europeos, mereciesen admiración, mientras mantenemos un proverbial desdén no solo hacia la música como expresión humana, sino, lo que resulta más grave, a la gente que la crea y la mantiene viva en nuestro tiempo.

Confieso que el artículo de Cibrán me apeló directamente en buena medida porque me encontraba justamente en pleno proceso de preparación de este libro, un texto con el que, precisamente, pretendía combatir, en la medida de mis posibilidades, la situación que se denuncia en ese texto. Pero no fue solamente esa circunstancia la que fijó mi atención en aquella opinión compartida, sino el hecho de que me veía representado en aquellas palabras, que me trasladaban directamente a mis propias experiencias previas.

Por eso me gustaría compartir aquí algunos recuerdos personales.

Estudié la licenciatura en Historia del Arte en la Universidad de Santiago de Compostela entre 1999 y 2004, con un programa de estudios muy ambicioso en el que la música estaba presente en solo tres asignaturas obligatorias. No parece mucho, desde luego, pero era un peso mayor que el de la literatura, que estaba prácticamente ausente del programa, salvo en algunas materias instrumentales. Esto no pretende ser una crítica al plan de estudios, que mis profesores y profesoras defendieron con esfuerzo y, en muchos casos, con pasión y brillantez. Cualquier planificación educativa dice más por lo que deja fuera que por lo que incluye y, desde luego, la presencia de la música, a mi juicio, era necesaria.

Sin embargo, para mi sorpresa, yo era una de las pocas personas que lo consideraba así.

A la mayoría de la gente con la que compartí promoción universitaria, las asignaturas de música les infundían un profundo respeto, que a veces devenía en una grave preocupación, cuando no en pánico.

Sí: las materias de música provocaban miedo.

Las pocas personas a las que no nos afectaba ese sentimiento éramos, por lo general, aquellas que teníamos formación musical reglada y habíamos pasado por un conservatorio. Esas tres materias, que a mí me encantaban, son todavía recordadas como las más difíciles de los cinco cursos de licenciatura por muchas de las compañeras de promoción con las que mantengo relación. Sobre todo por una razón: en el examen se reproducían fragmentos musicales para su reconocimiento y comentario por parte del alumnado y la correcta identificación de esas piezas era parte fundamental de la evaluación.

Aquello que, como futuros profesionales de la historia del arte, hacíamos en las demás asignaturas con cuadros, esculturas, planos de ciudades o ejemplos de arquitectura resultaba temible si se demandaba con composiciones musicales.

A mi juicio, ésta es la consecuencia última del desdén por la música denunciado en el artículo de Sierra.

Recuerdo con cariño que, ante la preocupación de varias compañeras, organicé un grupo de estudio. En el salón de nuestra casa practicamos cómo identificar un cuarteto de cuerda de Haydn, o cómo distinguir una pieza de Bach de una de Mozart. Era la primera vez que explicaba música y este libro es heredero de aquellos recuerdos. Como apoyo para esa tarea, creamos unas selecciones musicales, grabadas de manera casera en discos compactos, que recogían todas las audiciones que entraban en el examen.

(Años después descubrí que aquellas piezas que yo había elegido y grabado en casa circulaban en la copistería de la facultad; así que, de algún modo, ayudé a varias promociones posteriores en su estudio de aquellas temidas asignaturas de música).

Poco después de aquella experiencia, con la licenciatura recién terminada, acudí a mi primer encuentro científico. Lo recuerdo perfectamente: era un simposio organizado por el Comité Español de Historia del Arte en la maravillosa ciudad de Trujillo, localidad natal de Francisco Pizarro y Francisco de Orellana. Yo era un primerizo, bisoño e imberbe, y me encontraba rodeado por primera vez por algunas de las firmas más prestigiosas de la disciplina a la que soñaba con dedicarme.

Durante aquellas jornadas, en la charla informal que acompañó una deliciosa cena, la conversación derivó hacia la música. Había en el simposio varias personas con conocimientos musicales, de manera que llegamos a este tema de modo natural. Quien me conoce sabe que me apasiono especialmente cuando hablo de música y aquella ocasión no fue diferente. En la mesa, durante la conversación, se me ocurrió emitir una opinión. Han pasado los años, pero recuerdo que dije, aproximadamente, lo siguiente: «La *Pasión según San Mateo* de Bach es una de las grandes obras maestras de la historia del arte».

Esta afirmación no resulta en absoluto original. De hecho, para cualquiera con ciertos conocimientos, es una afirmación trivial, casi banal. Existe un consenso tan abrumador al respecto que ni siquiera es mínimamente controvertida.

Sin embargo, en aquel contexto, donde me encontraba sentado con gente mucho más erudita que yo, había poca que pudiese confirmar o refutar mi opinión, simplemente porque les resultaba ajena. Como la situación era informal, y desde luego amistosa, varias personas confesaron con sinceridad que no tenían muchos conocimientos musicales, que les habría encantado estudiar música, pero no habían podido, o que nunca habían escuchado la Pasión. Las personas con conocimientos musicales nos quedamos, de repente, aisladas de la mayoría precisamente porque no compartían esos referentes.

Obviamente, no existen cuotas intelectuales ante un canon cultural; no es obligatorio conocer la obra de Bach o de Hildegarda de Bingen. Pero creo que es muy elocuente que en una cena con gente del ámbito académico, especializada en historia del arte, la presencia de la música entre sus bases intelectuales estuviese poco representada. Y lo que es todavía más notable: a muchas de aquellas personas no se les había ocurrido que la música fuese parte de la historia del arte, al menos como la disciplina a la que se dedicaban académicamente.

En los años sucesivos, varias de mis primeras investigaciones científicas exploraron la conexión intelectual entre el arte y la música a nivel teórico y práctico. Cuando llevaba estos trabajos a congresos me encontraba con que solo los asistentes con formación específica, casi siempre obtenida en un conservatorio de música, seguían mis propuestas. Y, por lo general, no eran muchos.

Con estas anécdotas no pretendo, ni mucho menos, una mirada de superioridad. Aunque he tenido mucha experiencia como músico, mis recursos no me permitieron la simultaneidad y elegí la universidad frente al conservatorio. Aparcar mis estudios musicales después de ocho años de esfuerzo fue una decisión necesaria, de la que no me arrepiento, porque esos años fueron una parte muy importante de mi formación.

Además, conozco a historiadoras e historiadores del arte con un conocimiento musical superior al mío. El eclecticismo formativo es ahora más habitual que cuando yo estudiaba, lo que ha provocado que mucha más gente haya simultaneado los estudios de conservatorio con otras titulaciones. También se ha incrementado la presencia del aprendizaje musical en la escolaridad obligatoria, aunque nunca falte quien opine que esas horas se aprovecharían mejor si se dedicasen a las matemáticas, una afirmación que desconcertaría intelectualmente a Pitágoras y Al-Farabi.

Ya en mi generación había notables ejemplos de esta mezcla de saberes. Es el caso de Pedro Luengo Gutiérrez, a quien siempre he considerado uno de los historiadores del arte más brillantes de España; desde este año 2025 en que escribo estas líneas ocupa, con merecimiento, una cátedra en la Universidad de Sevilla, al tiempo que es un extraordinario organista. También es el caso de mi paisana y amiga Patricia Cupeiro López, con quien compartí estudios de doctorado y que actualmente es profesora del Departamento de Historia del Arte de nuestra querida Universidad de Santiago. Ambos son mejores músicos de lo que yo nunca he sido.

Esta excursión autobiográfica pretende ser simplemente una muestra de un estado de opinión, y me parece expresiva de la forma en la que hemos segregado la música. Como hemos visto, no se corresponde para nada con el valor que las distintas culturas le han dado a lo largo de los siglos. Y aquí es donde yo pregunto:

¿Qué *crees* que pensaría Bach de todo esto?

Soy consciente de que el subtítulo de este libro será leído como una provocación cuando su cubierta se exponga en las estanterías de las librerías. Y ya he confesado que hay algo de eso. Espero que todo lo que hemos recorrido en las páginas anteriores deje meridianamente claro que el argumento de autoridad no resulta demasiado adecuado a la hora de establecer jerarquías de valor en la música.

Pero más allá del uso de los grandes compositores como arma arrojadiza con la que se ejercita en ocasiones un injusto desdén hacia géneros más populares, me interesa que tomemos conciencia de lo que ha cambiado nuestra relación con la música en poco más de un siglo. Cien años en los que las canciones grabadas lo han inundado todo, desde los ascensores parlantes a los tonos del teléfono móvil y los vídeos de TikTok, pero en los que hemos iniciado nuestra involución en sujetos musicales pasivos. Como hemos visto, a lo largo de la historia el canto y el baile han sido actividades colectivas, esencialmente sociales, que compartían los miembros de la comunidad con sus manos, pies y gargantas. El progreso de los medios sonoros es algo maravilloso, pero corremos el riesgo de que nos robe nuestro vínculo con la música, que es el misterio más fascinante que hemos descifrado como especie.

Nunca ha sido tan fácil el acceso a la música de Bach como hoy. Por eso choca especialmente que este producto intelectual, que es la fuente más pura de comunicación que ha creado la humanidad, no obtenga, ni siquiera en nuestro tiempo, una mínima parte del valor que merece. Si el compositor alemán pudiese ver su omnipresencia en nuestra época, seguro que sonreiría con orgullo. Pero también es posible que le sorprendiese que, con tantos medios técnicos a nuestra disposición, hayamos abandonado la experimentación, hasta tal punto que algunos atrevimientos sonoros de los discos de los Beatles hoy serían impensables en un tema comercial.

En este libro hemos hablado de la estandarización del paisaje sonoro de nuestras vidas, como consecuencia de esa bendición de nuestro tiempo que es la música grabada. Hemos visto cómo se gestó en Europa la mayor colonización cultural de la historia, asumida apaciblemente en todos los países del mundo, gracias al lento pero certero proceso de creación del lenguaje musical occidental. Incluso nos hemos remontado tan atrás que hemos llegado a la época en la que los seres humanos aprendieron a comunicarse con música antes que con palabras. Hemos analizado los sentimientos que nos induce y las circunstancias en las que ejerce de guía emocional.

La música es más que un hilo musical que nos acompaña a todas partes o que el inevitable ruido de fondo en el concierto de moda al que hemos acudido. Tiene tanto poder que, al mismo tiempo, es la mejor bandera de la humanidad y la metáfora más exquisita que nunca se haya inventado para describir el universo.

No merecemos que ninguna barrera errónea nos limite nuestra comprensión y disfrute de todo lo que los sonidos nos cuentan.

En los albores de la inteligencia artificial, que ya es capaz de simular de manera solvente la composición musical, considero especialmente importante que la música, junto al resto de las artes, se mantenga en el centro de aquello que nos hace humanos.

Espero que este libro sea solo el principio y que, una vez lo cierres, te provoque curiosidad por los caminos infinitos del sonido. Si has llegado hasta aquí y te he dejado con más preguntas que respuestas, eso significa que mi trabajo aquí ha terminado.

Buen viaje.

Agradecimientos

Felizmente, he tenido la ocasión de escribir este tercer libro, que cierra con sus hermanos mayores, *Otra historia del arte* y *Otra historia de la arquitectura*, una trilogía en la que he podido reflexionar sobre algunas cuestiones de la creación cultural que llevaban años latentes en mi cabeza. El mero hecho de que un simple historiador del arte haya tenido la ocasión, en España, de llevar a las librerías una trilogía editorial sobre estos temas tan poco mayoritarios se lo debo a la valentía, idealismo y paciencia de la estupenda gente del grupo Penguin Random House y, en especial, a mi editor, Gonzalo Eltesch. Gracias por esta locura maravillosa.

Raro es que un historiador del arte escriba libros, pero mucho más que salga en la televisión. Reservo un abrazo enorme para mi familia, pasada y presente, en ese pequeño milagro que es *El condensador de fluzo*: Néstor Marqués, Isa Mellén, Laia San José, Carmen Guillén, Javier Traité, Ale Hernández, Sandra Moruiz, Jonathan López-Vera, Francesco Caprioli, Rocío Martínez... Gracias a toda la gente que ha pasado por el programa en todas estas temporadas. Gracias a nuestros capitanes, Raúl Navarro y

Jesús Mancebón, por su complicidad. Y gracias infinitas a nuestra comandante, Maya Pixelskaya, por su talento y generosidad. Sois una inspiración.

Entrar cada semana en casa de cientos de miles de personas a través de la radio es un sueño cumplido. Gracias a todo el equipo de *Julia en la Onda*; gracias Julia Otero, por tu magisterio; gracias a mis cómplices de *La Hora Random*, José Luis Gallego, Clara Grima y Antonio Martínez Ron, por todo lo que me enseñáis, especialmente como personas. *Grazas a Kiko Novoa, a Cristina García e a toda a xente do* Galicia *por diante por facerme un oco na radio pública de Galicia, para falar de arte e de patrimonio cultural na nosa lingua.*

Estoy eternamente agradecido a todas las personas que me siguen en mis correrías digitales, sin las cuales seguramente mis libros no existirían. Presumo de familia numerosa gracias a la gente increíble que las redes han puesto en mi camino: Cipri, Elena, Ramón, Marilar, Noe, Lu, Xabi, Pedro, Berta, «los Fernandos», Gerardo, José, Joaquín, Lord y Lady Arnolfini, Patri, Pablo, Abraham, Jorge, Nacho, Kevin, Karen, Manuel, Alegra, Pedro, Dani, Antonio, las Egeria, Dan, Mónica, Verónica, Óscar, Lope, Marina, Marisol, Ximena, Niké, Ana, Rufino… Esta lista crece con cada libro y espero que nunca deje de hacerlo.

Presumo también, sin rubor, de mi formación como músico, toda ella recibida gracias a la enseñanza pública. Por eso, dedico también un sentido agradecimiento a todas aquellas personas que me han enseñado cosas a lo largo de los años. En especial, a mis profesoras y profesores de música, en diferentes disciplinas, entre quienes destaco con admiración la huella dejada por Javier Cedrón y Quim Farinha. También tengo un recuerdo para todas aquellas personas con las que me he subido alguna vez a un escenario para una de las pocas cosas que me hacen creer en la magia: hacer música junto a otras personas. Gracias a Luis Precedo y a Andrés Meléndrez. Gracias Maite Lois, Kike Mirás, Dani Cerqueiro, Miguel Naveira y Javi Naya. ¡Madialeva!

A lo largo de mi vida he tenido el honor de ponerme delante de la batuta de algunas personas de enorme talento, de las que he aprendido muchísimo y que me contagiaron pasión por la música: Jaime Berrade, James Ross, Melanie Crompton, Fernando Briones, Juan Carlos Peña, Víctor Pablo Pérez, Joan Company, David Ethève, Liudmila Orlova, Tatiana Prjevalskaya, Rupert Twine y Dima Slobodeniouk. Con algunas de esas personas he tenido una relación próxima, incluso de amistad, mientras que en otros casos yo era simplemente uno más en el escenario, una pieza pequeñita en medio de un esfuerzo colectivo. Pero agradezco a cada una de ellas el haberme acompañado en el descubrimiento de una de mis grandes pasiones, que es la música. Y más que a nadie, a Dani Canosa, por haberme obligado aquel día a meterme en aquel ensayo, pese a mi obstinación por perdérmelo.

La musicóloga Sakira Ventura reubicó mis marcos de referencia y me sacó, hace ya tiempo, de un error que asumía con plena naturalidad. Al doctor en historia japonesa Jonathan López-Vera le debo valiosas observaciones sobre la música del país asiático.

En la concepción de este libro me he inspirado en algunos de los principales modelos de la divulgación cultural en español, gran parte de ella dedicada a la música. Estoy en deuda con el trabajo de Ramon Gener, Jaime Altozano, Ter, Clara Sánchez, Martín Llade, Víctor (Music Radar Clan), Pablo Abarca, Luis Ángel de Benito, Eva Sandoval y Jesús Báez Alcaide.

Solo tengo palabras de afecto y agradecimiento para aquellas personas que conforman mi familia «elegida», a la que por culpa de mis libros y de la divulgación veo mucho menos de lo que me gustaría: Julia, Marta, Nuria, Óscar, Adriana, Silvia, Adrián, Antón, Amaro, Chechiño, Olaia, Rick, Noa, Ren, Noelia, Héctor, Dani, Angélica, Antía, Emma, Manuel, Óscar, María, Álex, Sira, César, Jesús, Rosa y Víctor. Gracias también a mis otros padres, Antonio y Marga.

Tengo la suerte de conservar todas esas amistades extraordinarias, a pesar de mis ausencias constantes. Guardo un abrazo muy especial para Carlos Fidalgo, Espido Freire, Xoan Escudero y Luis Pastor, que soportan mis audios de WhatsApp de quince minutos.

Imaginar mi vida sin la música me resulta imposible, pero fueron dos mujeres las que me apoyaron para que recibiese formación musical, en una época en la que no resultaba nada fácil, ni barato. Mi abuela, Flora, que habría sido una excelente cantante de ópera si hubiese podido dedicarse a su pasión, me cantaba cuando era muy niño, como lo hacía también mi madre, Encarni, con una voz como la de pocas profesionales. Mi pasión por la música se la debo a ellas. Sin eso, no existiría este libro y me habría perdido muchas cosas en la vida.

Nunca sabes la cantidad de ausencias a las que obliga la escritura de un libro si no te pones a la tarea. Por eso, en cada uno que llegue a escribir, el agradecimiento mayor se reserva siempre para Adriana, primera lectora de todas mis páginas y sufridora de todas las horas en las que no estamos juntos porque la escritura se interpone. Por muchas más canciones que cantaremos en el coche, de camino a otro lugar que descubrir contigo.

El último agradecimiento, como siempre, es para ti, que recorres con tu mirada estas últimas palabras. Espero que este libro te haya acompañado en el descubrimiento de cosas interesantes. Gracias por leerme.

Bibliografía

ATLAS, Allan W., *La música del Renacimiento. La música en la Europa Occidental*, 1400-1600. Akal, Madrid, 2009.

AUNER, Joseph, *La música en los siglos xx y xxi*. Akal, Madrid, 2017.

AZÚA, Félix de, *El arte del futuro. Ensayos sobre música*. Debate, Barcelona, 2022.

BEER, Anna, *Armonías y suaves cantos. Las mujeres olvidadas de la música clásica*. Acantilado, Barcelona, 2019.

BERÁSTEGUI, Manu, *101 canciones para cortarse las venas*. T&B Editores, Madrid, 2012.

BOFILL LEVI, Anna, *Los sonidos del silencio. Aproximación a la historia de la creación musical de las mujeres*. Editorial UOC, Barcelona, 2016.

BUTT, John, *Vida y obra de J. S. Bach*. Akal, Madrid, 2016.

BYRNE, David, *Cómo funciona la música*. Reservoir Books, Barcelona, 2021.

CARREDANO, Consuelo y Victoria Eli, *Historia de la Música en España e Hispanoamérica, 6: La música en Hispanoamérica en el siglo xix*. Fondo de Cultura Económica, Madrid, 2010.

—, *Historia de la Música en España e Hispanoamérica, 8: La música en Hispanoamérica en el siglo xx*. Fondo de Cultura Económica, Madrid, 2015.

CARRERAS, Juan José, *Historia de la música en España e Hispanoamérica, 5: La música en España en el siglo xix*. Fondo de Cultura Económica, Madrid, 2018.

COOK, Nicholas, *Music: A Very Short Introduction*. Oxford University Press, Nueva York, 2021.

—, *Beyond the Score. Music as Performance*. Oxford University Press, Nueva York, 2013.

—, *Music. Why It Matters*. Polity Press, Cambridge/Hoboken, 2023.

CRIPS, Colin, *La música popular en el siglo xx*. Akal, Madrid, 1999.

CUSICK, Suzanne G., *Francesca Caccini at the Medici Court. Music and the Circulation of Power*. The University of Chicago Press, Chicago/Londres, 2009.

DAHLHAUS, Carl y Hans Heinrich Eggebrecht, *¿Qué es la música?* Acantilado, Barcelona, 2012.

DONÀ, Massimo, *Filosofía de la música*. Global Rhythm, Barcelona, 2008.

DOWNS, Phillip G., *La música clásica. La era de Haydn, Mozart y Beethoven*. Akal, Madrid, 2015.

EIDAM, Klaus, *La verdadera vida de Johann Sebastian Bach*. Siglo XXI, Madrid, 1999.

FAIRCLOUGH, Pauline, *Classics for the Masses: Shaping Soviet Musical Identity under Lenin and Stalin*. Yale University Press, New Haven, 2016.

FASSLER, Margot, *La música en el Occidente medieval*. Akal, Madrid, 2020.

Freedman, Richard, *La música en el Renacimiento*. Akal, Madrid, 2018.

Frisch, Walter, *La música en el siglo XIX*. Akal, Madrid, 2018.

Fubini, Enrico, *La estética musical desde la Antigüedad hasta el siglo XX*. Alianza, Madrid, 2005.

—, *Música y estética en la época medieval*. Eunsa, Pamplona, 2008.

Gardiner, John Eliot, *La música en el castillo del cielo. Un retrato de Johann Sebastian Bach*. Acantilado, Barcelona, 2015.

Gioia, Ted, *Blues. Canciones de amor. La historia jamás contada*. Turner, Madrid, 2016.

—, *El canon del jazz. Los 250 temas imprescindibles*. Turner, Madrid, 2021.

—, *Historia del jazz*. Turner, Madrid, 2002.

—, *La música del Delta del Mississippi*. Turner, Madrid, 2012.

—, *La música. Una historia subversiva*. Turner, Madrid, 2020.

Gleeson, Sinéad y Kim Gordon (eds.), *Música, maestra. Ensayos sobre música y mujeres escritos por mujeres*. Libros del Kultrum, Guadalajara, 2022.

Gómez, Maricarmen (ed.), *Historia de la música en España e Hispanoamérica, 1: De los orígenes hasta c. 1470*. Fondo de Cultura Económica, Madrid, 2009.

—, *Historia de la música en España e Hispanoamérica, 2: De los Reyes Católicos a Felipe II*. Fondo de Cultura Económica, Madrid, 2012.

González Lapuente, Alberto, *Historia de la música en España e Hispanoamérica, 7: La música en España en el siglo XX*. Fondo de Cultura Económica, Madrid, 2013.

Goodall, Howard, *Una historia de la música*. Antoni Bosch, Barcelona, 2015.

GROUT, Donald J. y Claude V. Palisca, *Historia de la música occidental*. 2 volúmenes. Alianza, Madrid, 2001.

HAMER, Laura (ed.), *The Cambridge Companion to Women in Music since 1900*. Cambridge University Press, Nueva York, 2021.

HARNONCOURT, Nikolaus, *Diálogos sobre Mozart. Reflexiones sobre la actualidad de la música*. Acantilado, Barcelona, 2016.

—, *La música como discurso sonoro*. Acantilado, Barcelona, 2007.

HELLER, Wendy, *La música en el Barroco*. Akal, Madrid, 2017.

HILL, John W., *La música barroca. Música en Europa occidental, 1580-1750*. Akal, Madrid, 2008.

HOPPIN, Richard H., *La música medieval*. Akal, Madrid, 1991.

KALINAK, Katrhyn, *Film Music: A Very Short Introduction*. Oxford University Press, Nueva York, 2010.

LEBRECHT, Norman, *¿Por qué Beethoven? Un fenómeno en cien obras*. Alianza, Madrid, 2024.

LEVITIN, Daniel J., *Tu cerebro y la música: El estudio científico de una obsesión humana*. RBA, Barcelona, 2018.

LEWISOHN, Mark, *The Beatles. All These Years*. Little Brown, Londres, 2013.

LEZA, José Máximo (ed.), *Historia de la música en España e Hispanoamérica, 4: La música en el siglo XVIII*. Fondo de Cultura Económica, Madrid, 2014.

MARCO, Tomás, *Historia cultural de la música*. Autor, Madrid, 2009.

MARGULIS, Elizabeth H., *Psicología de la música. Una muy breve introducción*. Alianza, Madrid, 2020.

—, *The Science-Music Borderlands*. MIT Press, Cambridge/Londres, 2023.

MOLLESON, Kate, *El sonido dentro del sonido. Ampliar la escucha del siglo XX*. Catedral, Barcelona, 2023.

NEIRA JIMÉNEZ, Luz, *Música y danza 'a escena' en el mundo romano (I a.C. - VI d.C.). Convivia y espectáculos.* Sílex, Madrid, 2021.

PARROTT, Andrew, *The Pursuit of Musick. Musical Life in Original Writings & Art.* Taverner, 2022.

PENDLE, Karin (ed.), *Women & Music. A History.* Indiana University Press, Bloomington, 2001.

PEYROU, Mariano, *Oídos que no ven. Contra la idea de música intelectual.* Taurus, Barcelona, 2022.

PLANTINGA, Leon, *La música romántica.* Akal, Madrid, 2015.

RAMOS LÓPEZ, Pilar, *Feminismo y música. Introducción crítica.* Narcea, Madrid, 2018.

REZNIKOFF, Legor, «Sound resonance in prehistoric times: A study of Paleolithic painted caves and rocks», *The Journal of the Acoustical Society of America*, Junio de 2008.

RICE, John, *La música en el siglo XVIII.* Akal, Madrid, 2019.

RICE, Timothy, *Ethnomusicology: A Very Short Introduction.* Oxford University Press, Nueva York, 2014.

ROCHON, Michel, *El cerebro musical. Un viaje a través de notas y neuronas.* Ático de los Libros, Barcelona, 2025.

ROSEN, Charles, *El estilo clásico: Haydn, Mozart, Beethoven.* Alianza, Madrid, 2015.

ROSS, Alex, *El ruido eterno. Escuchar al siglo XX a través de su música.* Seix Barral, Barcelona, 2009.

—, *Escucha esto.* Seix Barral, Barcelona, 2012.

—, *Wagnerismo. Arte y política a la sombra de la música.* Seix Barral, Barcelona, 2021.

SADIE, Stanley, *Guía Akal de la música.* Akal, Madrid, 1995.

SHARMA, Elizabeth, *Músicas del mundo.* Akal, Madrid, 2006.

SOUTHERN, Eileen, *Historia de la música negra norteamericana.* Akal, Madrid, 2001.

SPITZER, Michael, *A History of Emotion in Western Music. A Thousand Years From Chant to Pop.* Oxford University Press, Nueva York, 2020.

—, *El ritmo infinito.* Ariel, Barcelona, 2023.

TARUSKIN, Richard, *The Oxford History of Western Music.* 6 volúmenes. Oxford University Press, Nueva York, 2009.

TORRENTE, Álvaro (ed.), *Historia de la música en España e Hispanoamérica, 3: La música en el siglo XVII.* Fondo de Cultura Económica, Madrid, 2016.

TOVEY, Donald F., *Beethoven.* Acantilado, Barcelona, 2022.

VELA, Marta, *Las nueve sinfonías de Beethoven.* Fórcola, Madrid, 2020.

WAGNER, Richard, *Beethoven.* Edición de Blas Matamoro. Fórcola, Madrid, 2016.

WALD, Elijah, *How The Beatles destroyed Rock 'n' Roll. An alternative history of American Popular Music.* Oxford University Press, Nueva York, 2009.

WOLFF, Christoph, *El universo musical de Bach. El compositor y su obra.* Acantilado, Barcelona, 2025.

—, *Johann Sebastian Bach: El músico sabio.* 2 volúmenes. Robinbook, Barcelona, 2008.

—, *Mozart en el umbral de su plenitud: Al servicio del emperador (1788-1791).* Acantilado, Barcelona, 2018.

WOLFF, Francis, *¿Por qué la música?* El Paseo, Sevilla, 2021.

Recursos online

La historia del «ta-dum» de Netflix se ha contado muchas veces. Yo la he tomado del pódcast *Twenty Thousand Hertz* a través de este artículo de Proma Koshla publicado en *Mashable* el 5 de agosto de 2020 y recuperado de <https://mashable.com/article/netflix-ta-dum-sound-podcast-episode> [Consulta: 17-04-2025].

La noticia sobre los compositores que han trabajado en los sonidos de diferentes modelos de coche eléctrico procede del artículo «El compositor del sonido de mi coche ganó un Óscar» escrito por Javier Cortés para *El País* y recuperado de <https://elpais.com/especiales/2020/la-banda-sonora-de-los-coches-electricos/> [Consulta: 14-06-2025].

La estimación de reproducciones diarias del «tono Nokia» extraído del «Gran vals» para guitarra de Francisco Tárrega la hace Julian Treasure en una charla TED recuperada de <https://www.ted.com/talks/julian_treasure_the_4_ways_sound_affects_us> [Consulta: 18-05-2025].

Para el funcionamiento de la industria discográfica actual y la comprensión de cómo los estándares industriales han conducido a una música popular cada vez más homogénea he completado la lectura del libro de David Byrne, que aparece citado en la bibliografía, con vídeos como el del productor Billy Hume publicado en su canal de YouTube y titulado «The Real Reason Why Todays Music Is Starting To Sound The Same», recuperado de <https://www.youtube.com/watch?v=JZgPKGVJrdc> [Consulta: 01-07-2025], el vídeo de NFR Podcast titulado «Why Do ALL These Songs Sound the Same?», recuperado de <https://www.youtube.com/watch?v=afFPRO2xPn4> [Consulta: 17-03-2025], y la charla TED de Patrick Metzger titulada «Why do so many pop songs sound the same?», recuperada de <https://www.youtube.com/watch?v=fTvwM6S9vxI> [Consulta: 17-03-2025].

También ha sido importante la lectura de la entrada «Loudness War» de Wikipedia, recuperado de <https://en.wikipedia.org/wiki/Loudness_war> [Consulta: 02-07-2025] y de los siguientes artículos: «Why Modern Pop Music All Sounds the Same: Is the Industry to Blame?» de Luca von Burkersroda, recuperado de <https://festivaltopia.com/why-modern-pop-music-all-sounds-the-same-is-the-industry-to-blame/> [Consulta: 17-04-2025] y «Music today is worse than it was in the past: The Debate» de Thomas Britton y Fraser Gilliat, recuperado de <https://theoxfordblue.co.uk/music-today-is-worse-than-it-was-in-the-past-the-debate/> [Consulta: 17-04-2025]. El tráiler de la película *Inception* de Christopher Nolan se ha recuperado de <https://www.youtube.com/watch?v=YoHD9XEInc0> [Consulta: 05-07-2025].

La historia del estándar de 74 minutos para el CD de audio motivado por la duración de la *Novena sinfonía* de Beethoven fue muy difundida en los años ochenta. Yo la he tomado del artículo de *WIRED* titulado «Dec. 16, 1770: Beethoven's Birth in Bonn

Leads to Longer CDs», recuperado de <https://www.wired.com/2008/12/dec-16-1770-beethovens-birth-in-bonn-leads-to-longer-cds-2/> [Consulta: 03-07-2025].

Una primera lista de temas pop basados en el llamado «Canon» de Pachelbel fue tomada de «The enduring legacy of Pachelbel's canon in modern pop music» recuperado de <https://andreafortuna.org/2024/07/30/the-enduring-legacy-of-pachelbel-s-canon-in-modern-pop-music> [Consulta: 25-01-2025]. Para una lista más extensa, este asunto cuenta con su propia entrada en Wikipedia, recuperada de <https://en.wikipedia.org/wiki/List_of_variations_on_Pachelbel%27s_Canon> [Consulta: 25-01-2025].

Algunos datos sobre la investigación musicológica en la música de la Grecia antigua se han tomado del artículo de la BBC titulado «En busca de las notas de la música griega antigua», recuperado de <https://www.bbc.com/mundo/noticias/2013/11/131026_finde_musica_griega_antigua> [Consulta: 13-07-2025].

La cita de Leibniz que abre el capítulo sobre la música y las matemáticas la he traducido personalmente de una traducción al inglés de una carta a Christian Goldbach datada el 17 de abril de 1712, recuperada de <https://www.leibniz-translations.com/goldbach1712> [Consulta: 12-07-2025]. La frase original de Leibniz está en latín y ha sido también utilizada para la traducción que se ofrece, recuperada de <https://mathshistory.st-andrews.ac.uk/Biographies/Leibniz/quotations/> [Consulta: 12-07-2025].

La noticia de la datación de las flautas de Geissenklösterle se ha recuperado de <https://www.bbc.co.uk/newsround/18208861> [Consulta: 18-04-2025].

El uso didáctico de la canción «Baby Shark» durante la pandemia está recogido en el artículo «'Baby Shark' cambia su letra para que los niños se laven bien las manos y con ritmo» recuperado de <https://elpais.com/elpais/2020/04/07/mamas_papas/1586242874_552815.html> [Consulta: 23-02-2025]. Los diferentes temas propuestos para lavarse las manos se detallan en «How long should you wash your hands? There's a tune from every decade that can help», recuperado de <https://edition.cnn.com/2020/03/08/us/hand-washing-songs-decades-trnd/index.html> [Consulta: 22-03-2025].

Las referencias biográficas del padre de Joan Báez proceden de la nota necrológica escrita por Bárbara Celis en *El País*, publicada el 26 de marzo de 2007 y recuperada de <https://elpais.com/diario/2007/03/26/agenda/1174860004_850215.html> [Consulta: 23-03-2025]. La cita sobre el origen del éxito de la cantante procede del artículo de Carlos Marcos «Joan Báez revela lo que nadie sabía sobre su vida: "Fue devastador contarlo, pero ahora estoy en paz"», también publicado en *El País* con fecha del 14 de abril de 2024 y recuperado de <https://elpais.com/cultura/2024-04-14/joan-baez-revela-lo-que-nadie-sabia-sobre-su-vida-fue-devastador-contarlo-pero-ahora-estoy-en-paz.html> [Consulta: 19-01-2025].

Aunque la historia de Bill Millin ha sido muy difundida en fuentes diversas, he recuperado algunos datos de <https://www.independent.co.uk/news/uk/home-news/d-day-75th-anniversary-celebrities-dogs-second-world-war-heroes-a8945691.html> [Consulta: 16-06-2025].

Parte de la información sobre «God Save the King» ha sido tomada de la página oficial de la monarquía británica y recuperada de <https://www.royal.uk/encyclopedia/national-anthem> [Consulta: 08-07-2025].

He extraído valiosa información sobre la recepción del libro

Slave Songs of the United States de <https://www.cambridge.org/core/journals/journal-of-the-international-folk-music-council/article/abs/slave-songs-of-the-united-states-ed-irving-schlein-oak-publications-new-york-ny-1965-176-pp-595/F6C072596ADE9D64488608C353448209> [Consulta: 25-07-2025], y de <https://www.pbs.org/opb/historydetectives/investigation/slave-songbook/index.html> [Consulta: 24-07-2025].

El extracto de la cantiga de Martín Codax titulada «Ai Deus, se sab'ora meu amigo» lo he tomado de <https://universocantigas.gal/cantigas/ai-deus-se-sabora-meu-amigo> [Consulta: 02-03-2025]. La traducción la he ajustado personalmente, sin desvirtuar su significado, para que se ajuste al lenguaje de la música actual. La traducción de Safo la he tomado de un pequeño texto del traductor Eduardo Gil Bera sobre el Fragmento 31, que he recuperado de <https://www.elboomeran.com/eduardo-gil-bera/el-31-de-safo/> [Consulta: 25-07-2025]; la transcripción del original en griego la he extraído de la entrada de Wikipedia en inglés <https://en.wikipedia.org/wiki/Sappho_31> [Consulta: 25-07-2025].

La anécdota sobre la nota que Charles Ives dejó para que su copista no «corrigiese» su obra la encontré en el artículo de Luis Gago titulado «Charles Ives: sorpresas aseguradas», recuperado de <https://elpais.com/babelia/2025-01-04/charles-ives-sorpresas-aseguradas.html> [Consulta: 24-07-2025].

El artículo de Cibrán Sierra al que se hace referencia en el epílogo, titulado «La música (no) es cultura», fue publicado en el diario *El País* con fecha del 20 de enero de 2025. Lo he recuperado de <https://elpais.com/cultura/2025-01-20/la-musica-no-es-cultura.html> [Consulta: 25-07-2025].

Lista de canciones

Ante las diferentes fórmulas empleadas en los servicios de música online para el registro de las piezas y la recogida de los metadatos de los archivos sonoros, en la siguiente lista de reproducción se ha optado por recoger el autor y el título de cada pista, junto con el año del álbum, que figuran en la base de datos de Spotify. Esta fecha no siempre es la del lanzamiento original de la grabación, ya que algunas de las pistas seleccionadas proceden de reediciones y remasterizaciones posteriores, pero se ha preferido la inclusión de la fecha del soporte para facilitar la localización del registro. No aparecen en el listado aquellas piezas que no están disponibles en línea, o que no figuran en el catálogo de la citada plataforma, aunque, con las referencias dadas en el texto, su identificación no resulta difícil. En algunos casos, para facilitar la ubicación del corte musical concreto empleado en la redacción de este libro, se incluye entre corchetes el nombre del intérprete principal.

1. *Tudum Remix*, 2021
2. Arcade Era – *Windows XP Type Beat*, 2019

3. Francisco Tárrega – *Gran vals, 2002* [Giulio Tampalini]

4. Ro Ryon – *Iphone Ringtune*, 2024

5. Chuck Berry – *Johnny B. Goode*, 1959

6. Louis Armstrong & His Hot Five – *Melancholy Blues – Remastered*, 2018

7. Johann Sebastian Bach – *The Well-Tempered Clavier, Book 1: Prelude No. 1 in C Major, BWV 846*, 1993 [Glenn Gould]

8. Johann Sebastian Bach – *The Well-Tempered Clavier, Book 1: Fugue No. 1 in C Major, BWV 846*, 1993 [Glenn Gould]

9. Johann Sebastian Bach – *Partita for Violin Solo No.3 in E, BWV 1006: 3. Gavotte en Rondeau*, 1961 [Arthur Grumiaux]

10. Johann Sebastian Bach – *Brandenburg Concerto No. 2 in F Major, BWV 1047: I. [Allegro]*, 2002 [Karl Richter]

11. Taylor Swift – *Fortnight (feat. Post Malone)*, 2024

12. PSY – *Gangnam Style (강남스타일)*, 2012

13. BTS – *Dynamite*, 2020

14. BLACKPINK – *How You Like That*, 2020

15. Britney Spears – *...Baby One More Time*, 1999

16. Maroon 5 – *One More Night*, 2021

17. OneRepublic – *Apologize*, 2007

18. Kelly Clarkson – *Already Gone*, 2009

19. Beyoncé – *Halo*, 2008

20. Johann Sebastian Bach – *Cantata BWV 214: Tönet, ihr Pauken! Erschallet, Trompeten!* [Ton Koopman]

21. Johann Sebastian Bach – *Christmas Oratorio, BWV 248, Cantata No. 1: I. Chorus "Jauchzet, frohlocket, auf, preiset die Tage"* [John Butt]

22. George Frideric Händel – *Serse, HWV 40: Ombra mai fu*, 2009 [Cecilia Bartoli]

23. Giovanni Bononcini – *Xerse: Frondi tenere "Ombra mai fù"*, 2016 [Nicholas Spanos]

24. Francesco Cavalli – *Cavalli: Il Xerse, Act 1: "Ombra mai fu" (Xerse)*, 2019 [Philippe Jaroussky]

25. Owl City and Carly Rae Jepsen – *Good Time*, 2012

26. Katy Perry – *California Gurls*, 2010

27. Demi Lovato – *Really Don't Care*, 2013

28. The Miracles – *You've Really Got a Hold on Me*, 1963

29. The Beatles – *You Really Got a Hold on Me – Remastered 2009*, 1963

30. The Beatles – *Eleanor Rigby – Remastered 2009*, 1966

31. The Beatles – *A Day in the Life – Remastered 2009*, 1967

32. The Beatles – *A Hard Day's Night – Remastered 2015*, 2000

33. The Beatles – *All You Need Is Love – Remastered 2015*, 2000

34. The Beatles – *Something – Remastered 2009*, 1969

35. Aretha Franklin – *Eleanor Rigby*, 1970

36. Joe Cocker – *With a Little Help from My Friends*, 1969

37. Benny Goodman – *Sing, Sing, Sing – Remastered*, 2018

38. Glenn Miller – *In the Mood*, 1996

39. Frank Sinatra – *Fly Me to the Moon (In Other Words)*, 1962

40. Peggy Lee – *Fever*, 1958

41. Elvis Presley – *Fever*, 1960

42. Little Willie John – *Fever*, 1958

43. Bai Guang (白光) – 等著你回來, 1992

44. Celia Cruz – *Oye cómo va*, 2025

45. Santana – *Soul Sacrifice*, 1969

46. Santana – *Oye cómo va*, 1970

47. Ludwig van Beethoven – *Symphony No. 9 in D Minor, Op. 125: I. Allegro ma non troppo e un poco maestoso*, 2020 [Kirill Petrenko]

48. Ludwig van Beethoven – *Symphony No. 9 in D Minor, Op. 125: II. Molto vivace – Presto*, 2020 [Kirill Petrenko]

49. Ludwig van Beethoven – *Symphony No. 9 in D Minor, Op. 125: III. Adagio molto e cantabile*, 2020 [Kirill Petrenko]

50. Ludwig van Beethoven – *Symphony No. 9 in D Minor, Op. 125: IVa. Presto*, 2020 [Kirill Petrenko]

51. Ludwig van Beethoven – *Symphony No. 9 in D Minor, Op. 125: IVb. Presto. Recitativo "O Freunde, nicht diese Töne!" – Allegro assai – Presto*, 2020 [Kirill Petrenko]

52. Ludwig van Beethoven – *Piano Sonata No. 29 in B-Flat Major, Op. 106 "Hammerklavier": I. Allegro*, 2001 [Maurizio Pollini]

53. Ludwig van Beethoven – *Piano Sonata No. 29 in B-Flat Major, Op. 106 "Hammerklavier": II. Scherzo. Assai vivace – Presto – Prestissimo – Tempo I*, 2001 [Maurizio Pollini]

54. Ludwig van Beethoven – *Piano Sonata No. 29 in B-Flat Major, Op. 106 "Hammerklavier": III. Adagio sostenuto*, 2001 [Maurizio Pollini]

55. Ludwig van Beethoven – *Piano Sonata No. 29 in B-Flat Major, Op. 106 "Hammerklavier": IV. Largo – Allegro risoluto*, 2001 [Maurizio Pollini]

56. Ludwig van Beethoven – *Grosse Fuge, Op. 133: I. Overture – Fugue 1 – II. Meno mosso e moderato – III. Interlude – Fugue 2 – IV. Meno mosso e moderato – V. Allegro molto e con brio – VI. Allegro*, 1997 [Emerson String Quartet]

57. Ludwig van Beethoven – *Symphony No. 5 in C Minor, Op. 67: I. Allegro con brio*, 1995 [Carlos Kleiber]

58. Ludwig van Beethoven – *Symphony No. 7 in A Major, Op. 92: II. Allegretto (live)*, 2016 [Carlos Kleiber]

59. John Williams – *Escape / Chase / Saying Goodbye (E.T. the Extra Terrestrial)*, 2002

60. D.J. Nez – *Two-Step: Inform Your Grandma*, 1994

61. Robert Tree Cody – *Gila River Sunrise*, 2006

62. Carmen Linares – *Zorongo gitano – Tangos*, 1995

63. M. S. Subbulakshmi – *Hanuman Chalisha*, 1997

64. Johann Sebastian Bach – *The Well-Tempered Clavier, Book 1: Prelude No. 2 in C Minor, BWV 847/1*, 2020 [Trevor Pinnock]

65. Johann Sebastian Bach – *The Well-Tempered Clavier, Book 1: Prelude No. 1 in C Major, BWV 846/1*, 2020 [Trevor Pinnock]

66. Élisabeth Jacquet de La Guerre – *Chamber Sonata No. 4 in G Minor: I. Grave*, 2015 [Daniela Dolci]

67. Élisabeth Jacquet de La Guerre – *Chamber Sonata No. 4 in G Minor: II. Presto*, 2015 [Daniela Dolci]

68. Tomás Luis de Victoria – *O magnum mysterium*, 2019 [Stile Antico]

69. Giacomo Carissimi – *Historia di Jephte: "Plorate, filii Israel"*, 2014 [David Bates]

70. Johann Sebastian Bach – *Herz und Mund und Tat und Leben, BWV 147: X. Choral Jesus bleibet meine Freude*, 2019 [Rudolf Lutz]

71. The Beach Boys – *Lady Lynda – Remastered 2000*, 1979

72. Extremoduro – *Dulce introducción al caos*, 2021

73. Johann Sebastian Bach – *Organ Sonata No. 4, BWV 528: II. Andante [Adagio]*, 2018 [Víkingur Ólafsson]

74. Johann Sebastian Bach – *Suite No. 3 en ré majeur, BWV 1068: II. Air*, 1997 [Akademie für Alte Musik Berlin]

75. Jean-Philippe Rameau – *Les Boréades / Act IV: Entrée de Polymnie – Live*, 2005 [Mark Minkowski]

76. Antonio Vivaldi – *The Four Seasons, Violin Concerto No. 2 in G Minor, RV 315 "Summer": III. Presto*, 2014 [Dmitry Sinkovsky]

77. Antonio Vivaldi – *The Four Seasons, Violin Concerto No. 4 in F Minor, RV 297 "Winter": II. Largo*, 2014 [Dmitry Sinkovsky]

78. Max Richter – *Summer 3*, 2014 [Daniel Hope]

79. Max Richter – *Winter 2*, 2014 [Daniel Hope]

80. Johann Pachelbel – *Canon & Gigue, P. 37: I. Canon a 3 Violinis con Basso c.*, 2016 [Amandine Beyer]

81. Maroon 5 – *Memories*, 2021

82. Village People – *Go West*, 1979

83. Pet Shop Boys – *Go West*, 2020

84. Anne Hathaway – *I Dreamed a Dream (from* Les Misérables*)*, 2013

85. Petros Tabouris – *Athenaeus Paian – Stone Carving*, 2002

86. Dussum – *Ut queant laxis*, 2021

87. Julie Andrews – *Do-Re-Mi*, 1965

88. Léonin – *Viderunt omnes No. 1: Viderunt omnes... (2-part organum)*, 2005 [Tonus Peregrinus]

89. Anonymous – *Benedicamus trope «Congaudeant catholici»*, 2008 [Anonymous 4]

90. Iannis Xenakis – *Herma*, 2015 [Stephanos Thomopoulos]

91. Pinkfong – *Baby Shark*, 2017

92. Elvis Presley – *Jailhouse Rock*, 1958

93. The Temptations – *My Girl*, 1965

94. ABBA – *Dancing Queen*, 1976

95. Joan Jett & The Blackhearts – *I Love Rock 'n' Roll*, 1981

96. Destiny's Child – *Say My Name*, 1999

97. OutKast – *Ms. Jackson*, 2000

98. Lizzo – *Truth Hurts*, 2019

99. Bee Gees – *Stayin' Alive*, 1979

100. David Bowie – *Space Oddity*, 1969

101. Dally Parton – *Jolene*, 1974

102. Los del Río – *Macarena*, 1993

103. Joan Báez – *House of the Rising Sun*, 1960

104. Joan Báez – *Gracias a la vida*, 1974

105. Joan Báez – *Blowin' in the Wind*, 1968

106. Bob Dylan – *Ballad of Hollis Brown*, 1964

107. Bob Dylan – *With God on Our Side*, 1964

108. Silvio Rodríguez – *Playa Girón*, 1975

109. Hildegard von Bingen – *Spiritus sanctus vivificans*, 2010 [Armonico Consort]

110. Johann Sebastian Bach – *Ich steh mit einem Fuss im Grabe, BWV 156: Sinfonia*, 2000 [Helmuth Rilling]

111. Johann Sebastian Bach – *Magnificat in E-Flat Major, BWV 243a: Quia respexit*, 2017 [John Eliot Gardiner]

112. Johann Sebastian Bach – *Magnificat in E-Flat Major, BWV 243a: Omnes generationes*, 2017 [John Eliot Gardiner]

113. Kassia - *Ek rizis agathis (From a Good Root)*, 2009 [VocaMe]

114. Chiara Margarita Cozzolani – *Marienvesper – Psalmus 112. Laudate Püri à 8*, 2002 [Detlef Bratschke]

115. Isabella Leonarda – *Violin Sonata in D Minor, Op. 16 No. 12*, 2014 [Rachel Podger]

116. Maria Xaveria Perucona – *Gaude plaude*, 2008 [Gudrun Schröfel]

117. Nina Simone – *Love Me or Leave Me*, 1966

118. Sister Rosetta Tharpe – *Strange Things Happening Every Day*, 1938

119. Athanasius Kircher – *Tarantella napoletana, Tono hypodorico*, 2001 [Christina Pluhar]

120. Bayanihan Philippine Dance Company – *Sagayan*, 1991

121. New Zealand Singers – *The Haka*, 2012

122. Syran Mbenza – *Icha*, 1991

123. Jennifer Lopez – *On the Floor*, 2011

124. Pinduca – *Lambada*, 1976

125. Kaoma – *Lambada*, 1989

126. Los Kjarkas – *Llorando se fue*, 1990

127. Marcia Ferreira – *Chorando se foi*, 1986

128. L'Arpeggiata – *Folia*, 2003 [Christina Pluhar]

129. Fahmi Alqhai – *Folías de España*, 2025

130. Jean-Baptiste Lully – *Les folies d'Espagne*, 2000 [Reinhard Goebel]

131. Arcangelo Corelli – *Violin Sonata in D Minor, Op. 5 No. 12 "La folia"*, 2017 [Lina Tur Bonet]

132. Antonio Vivaldi – *Sonata "La Follia" Op. 1 n. 12 RV 63*, 2005 [Jordi Savall]

133. Marin Marais – *Les folies d'Espagne*, 2019 [Paolo Pandolfo]

134. Francesco Geminiani – *Concerto Grosso No. 12 in D Minor*, 2003 [Chiara Banchini]

135. George Frideric Händel – *Keyboard Suite No. 4 (Set II) in D Minor, HWV 437: IV. Sarabande con variazioni*, 2013 [Gilbert Rowland]

136. The City of Prague Philharmonic Orchestra – *Sarabande (from* Barry Lyndon*)*, 2011

137. Johann Sebastian Bach – *Peasant Cantata, BWV 212: Aria: Unser trefflicher lieber Kammerherr*, 1997 [Jeanne Lamon]

138. Vangelis – *Conquest of Paradise*, 1992

139. John Williams – *Duel of the Fates*, 1999

140. Johann Sebastian Bach – *Cello Suite No. 1 in G Major, BWV 1007: III. Courante*, 2017 [Thomas Demenga]

141. Gloria Gaynor – *I Will Survive – Original 7" Version*, 1993

142. Donna Summer – *I Feel Love*, 1977

143. Luis Fonsi y Daddy Yankee – *Despacito*, 2019

144. The Royal Scots Dragoon Guards – *Highland Laddie*, 2009

145. The Drums & Pipes – *The Road to the Isles*, 2008

146. Abraham Cupeiro – *Lamento*, 2020

147. Petros Tabouris – *Salpinx*, 2003

148. Synaulia – *Arena*, 2007

149. Hok-man Yim – *Poem of Chinese Drum*, 2000

150. Mehter – *Hücum Marşı*, 2015

151. Ray Charles – *Georgia on My Mind*, 2011

152. Nat King Cole – *Stardust*, 1957

153. Hoagy Carmichael – *Georgia on My Mind*, 1956

154. London Army Band & Choir – *God Save the Queen*, 2008

155. Glocal Orchestra – *Liechtenstein – Oben am jungen Rhein – National Anthem (High Above the Young Rhine)*, 2018

156. Bodø Domkor – *Kongesangen*, 1999

157. Henry Carey – *Heil dir im Siegerkranz – Historische Aufnahme Oktober 1901*, 2019

158. Obscure Switzerland – *Rufst du, mein Vaterland*, 1974

159. Choeur de l'Armée Française – *France: La Marseillaise*, 2007

160. Pyotr Ilyich Tchaikovsky – *1812 Overture, Op. 49, TH 49*, 1999

161. Histórica Banda – *China – Yiyongjun Jinxingqu – Himno nacional chino (Marcha de los Voluntarios)*, 2017

162. The Red Army Choir – *National Anthem of USSR*, 2014

163. Banda Sinfónica de Infantería de Marina de Madrid – *Patrioticheskaya Pesnya – Anthem of Old Russian Federation*, 1996

164. Whitney Houston – *The Star Spangled Banner (feat. The Florida Orchestra) – Live from Super Bowl XXV*, 2014

165. AC/DC – *Highway to Hell*, 1979

166. Bessie Smith – *Nobody Knows You When You're Down and Out – 78 rpm version*, 1997

167. Bessie Smith y Louis Armstrong – *St. Louis Blues*, 1995

168. Pete Seeger – *Michael, Row the Boat Ashore – Live*, 2013

169. John Legend – *Roll Jordan Roll*, 2013

170. Bernat De Ventadorn – *Can vei la lauzeta mover*, 1998 [Millenarium]

171. Martin Codax – *Cantigas de amigo: Ai Deus, se sab' ora meu amigo*, 2010 [Ensemble Gilles Binchois]

172. Juan Gabriel – *Se me olvidó otra vez*, 1986

173. Maná – *Se me olvidó otra vez – Unplugged*, 1999

174. José Alfredo Jimenez – *El rey*, 1971

175. Pedro Vargas – *El Rey – En vivo*, 2000

176. Paquita la del Barrio - *Rata de dos patas*, 2004

177. Josquin des Prez – *Nymphes des bois*, 2011 [Graindelavoix]

178. Charles Ives – *The Unanswered Question*, 1994 [Gerhard Samuel]

179. Charles Ives – *Piano Sonata No. 2 ("Concord, Mass., 1840-1860"): III. The Alcotts*, 1989 [Marc-André Hamelin]

180. Halim El-Dabh – *Wire Recorder Piece*, 2001

181. Wendy Carlos – *Main Title (The Shining)*, 1980

182. Wendy Carlos – *Rocky Mountains*, 1980

183. London Philharmonic Orchestra – *Creation of Tron*, 1982

184. Louis and Bebe Barron – *Main Titles (Overture)*, 1956

185. Björk – *Solstice*, 2011

Créditos de las imágenes

1. Voyager 1, 1977. NASA / Wikimedia Commons.

2. Elias Gottlob Haussmann, *Retrato de Johann Sebastian Bach*, 1746. Dominio público / Wikimedia Commons.

3. Taylor Swift, 2023. © Alamy / Cordon Press.

4. Balthasar Denner, *Retrato de Georg Friedrich Händel*, c. 1726. Dominio público / Wikimedia Commons.

5. The Beatles, 1969. © Alamy / Cordon Press.

6. Composición a partir de imágenes de dominio público / Wikimedia Commons.

7. Peggy Lee. Dominio público / Wikimedia Commons.

8. Joseph Karl Stieler, *Retrato de Ludwig van Beethoven*, 1820. Dominio público / Wikimedia Commons.

9. Mano guidoniana. © Alamy / Cordon Press.

10. Cabeza de Platón. Dominio público / Wikimedia Commons.

11. Confucio, c. 1770. © Alamy / Cordon Press.

12. Pitágoras. © Alamy / Cordon Press.

13. Emperador Amarillo, c. 1900. Dominio público / Wikimedia Commons.

14. Flauta de Geißenklösterle. Thilo Parg / Wikimedia Commons, CC BY-SA 3.0.

15. Joan Báez y Bob Dylan, 1963. © Alamy / Cordon Press.

16. Georges de La Tour, *Ciego tocando la zanfonía*, c. 1610-1630. © Alamy / Cordon Press.

17. Hildegarda de Bingen. © Alamy / Cordon Press.

18. Lucas Cranach el Viejo, *Martín Lutero*, 1522. Dominio público / Wikimedia Commons.

19. Sister Rosetta Tharpe, 1938. Dominio público / Wikimedia Commons.

20. Jennifer López, 2021. © Alamy / Cordon Press.

21. Gloria Gaynor, 1991. © Alamy / Cordon Press.

22. Bill Millin, 6 de junio de 1944. © Alamy / Cordon Press.

23. Ray Charles, 1971. Heinrich Klaffs / Wikimedia Commons, CC BY-SA 2.0.

24. Hoagy Carmichael. Dominio público / Wikimedia Commons.

25. Bessie Smith, 1936. Dominio público / Wikimedia Commons.

26. Portada de *Sla€ve Songs of the United States*, 1867. Dominio público / Wikimedia Commons.

27. Charles Ives, c. 1947. Dominio público / Wikimedia Commons.

28. Portada de *Switched-On Bach* de Wendy Carlos, 1968. © Alamy / Cordon Press.

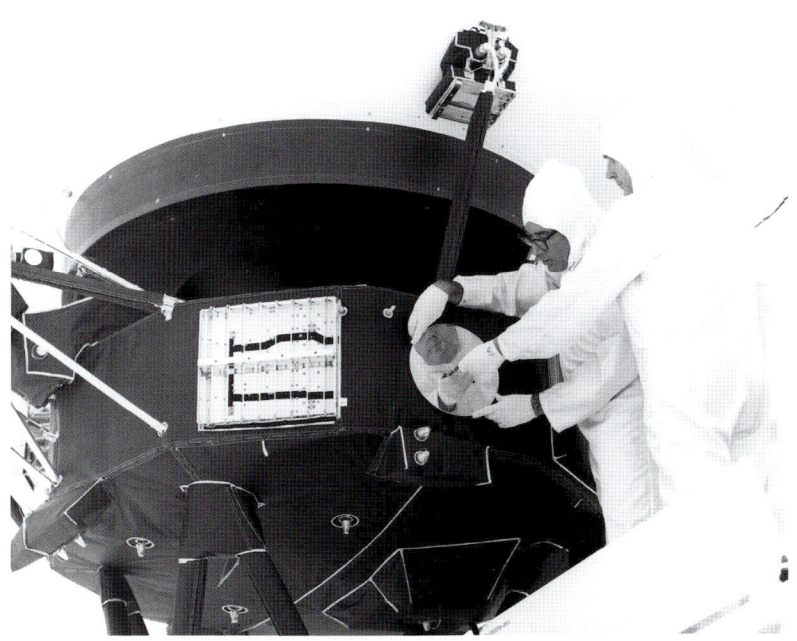

1. Instalación del disco de oro en el lateral de una de las sondas Voyager en 1977.

2. Johann Sebastian Bach (1685-1750), retratado por Elias Gottlob Haussmann en 1746, cuando contaba con sesenta y un años.

3. Taylor Swift (1989), retratada por Casey Flanigan durante The Eras Tour (2023), cuando contaba con treinta y tres años.

4. Georg Friedrich Händel (1685-1759), hacia 1727, en un retrato atribuido a Balthasar Denner.

5. The Beatles en 1969, en una imagen tomada poco antes de su separación como banda.

6. Glenn Miller (1904-1944), Benny Goodman (1909-1986) y Count Bassie (1904-1984).

28. Portada original del mítico *Switched-On Bach* (1968), el álbum de
Wendy Carlos que cambió la historia de la música al interpretar a Bach
con sintetizadores Moog. Esta primera cubierta sería posteriormente
sustituida, porque no hace ninguna referencia al trabajo de Carlos y
porque la configuración del sintetizador que aparece en la imagen es
incorrecta.

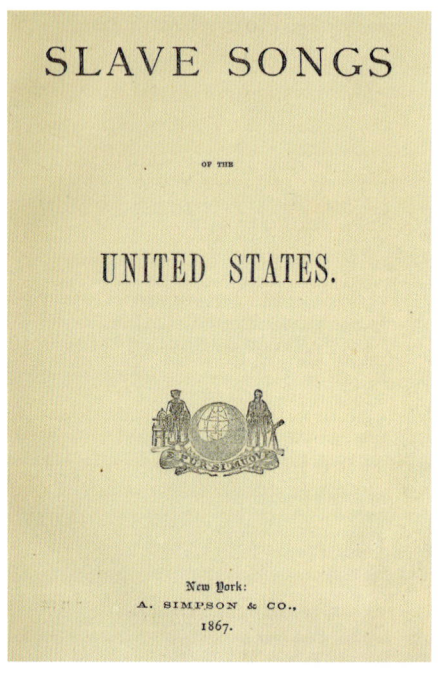

SLAVE SONGS

OF THE

UNITED STATES.

New York:
A. SIMPSON & CO.,
1867.

26. Portada de *Slave Songs of the United States* (1867), la primera colección de espirituales publicada.

27. Charles Ives (1874-1954), compositor pionero en la creación de un sonido estadounidense.

24. Hoagy Carmichael (1899-1981), autor de clásicos como «In the Cool, Cool, Cool of the Evening», «Stardust», «Georgia on My Mind» y «The Nearness of You».

25. Bessie Smith (1894-1937), fotografiada por Carl Van Vechten en 1936.

22. Bill Millin, en el momento exacto en que desembarca en Normandía, el 6 de junio de 1944.

23. Ray Charles (1930-2004), durante un concierto en el Hamburger Musikhalle, en septiembre de 1971.

20. Jennifer López (1969), durante el acto inaugural de la presidencia de Joe Biden, en 2021.

21. Gloria Gaynor (1943) durante una actuación en el Festival de San Remo en 1991.

19. Sister Rosetta Tharpe (1915-1973) en una imagen de 1938.

17. Hildegarda de Bingen representada mientras recibe una visión divina, en compañía de su secretario Volmar y su confidente Richardis. *Liber Divinorum Operum*. Ms. 1942. Biblioteca Statale di Lucca.

18. Martín Lutero (1483-1546), en el famoso retrato realizado por Lucas Cranach el Viejo en 1528.

15. Joan Báez (1941) y Bob Dylan (1941). La imagen fue tomada durante la famosa marcha por el trabajo y la libertad, que tuvo lugar el 28 de agosto de 1963 en Washington.

16. Georges de La Tour, *Ciego tocando la zanfonía* (1620-1630). Museo del Prado.

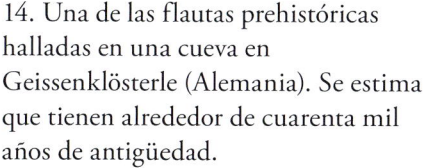

13. Emperador Amarillo. Retrato incluido en la colección conocida como «Retratos de hombres famosos», pintada en China hacia comienzos del siglo XX sobre seda. Philadelphia Museum of Art.

14. Una de las flautas prehistóricas halladas en una cueva en Geissenklösterle (Alemania). Se estima que tienen alrededor de cuarenta mil años de antigüedad.

11. Confucio. Retrato anónimo fechado hacia 1770.

12. Pitágoras y los martillos. Relieve de Luca della Robbia esculpido para el campanile del duomo de Florencia entre 1437 y 1439.

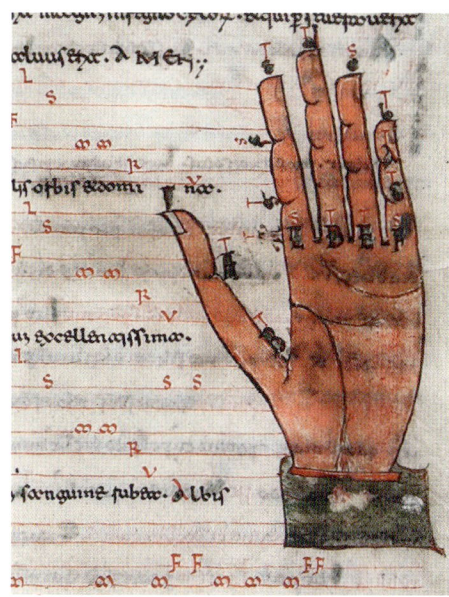

9. Mano guidoniana, en una representación del siglo XI conservada en el códice 318 de la abadía de Montecassino. Entre otras obras, este volumen contiene una copia del *Micrologus* de Guido d'Arezzo.

10. Copia romana de un busto de Platón esculpido en el siglo IV a. C. Gliptoteca de Múnich.

7. Peggy Lee (1920-2002). Compositora, cantante y actriz; en su larga y exitosa carrera se convirtió en una de las voces más influyentes de la música del siglo xx.

8. Ludwig van Beethoven (1770-1827), retratado con el manuscrito de la *Missa Solemnis* en 1820 por Joseph Karl Stieler.